AF602918

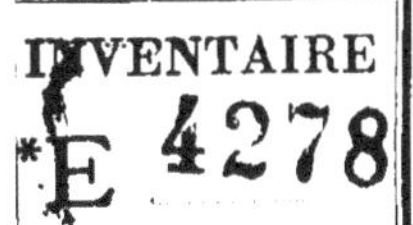

EXAMEN

DE LA QUESTION AUJOURD'HUI PENDANTE

ENTRE LE

GOUVERNEMENT DES ÉTATS-UNIS

ET CELUI

DE LA GRANDE-BRETAGNE,

CONCERNANT

LE DROIT DE VISITE;

PAR UN AMÉRICAIN.

When we doubted, we took the trick. —
Dans le doute, nous prenions la levée.
The London Times, january 1842.

EXAMEN

DE LA QUESTION AUJOURD'HUI PENDANTE

ENTRE LE

GOUVERNEMENT DES ÉTATS-UNIS

ET CELUI

DE LA GRANDE-BRETAGNE,

CONCERNANT

LE DROIT DE VISITE;

PAR UN AMÉRICAIN.

When we doubled, we took the trick. —
Dans le doute, nous prenions la levée.
The London Times, january 1842.

1842

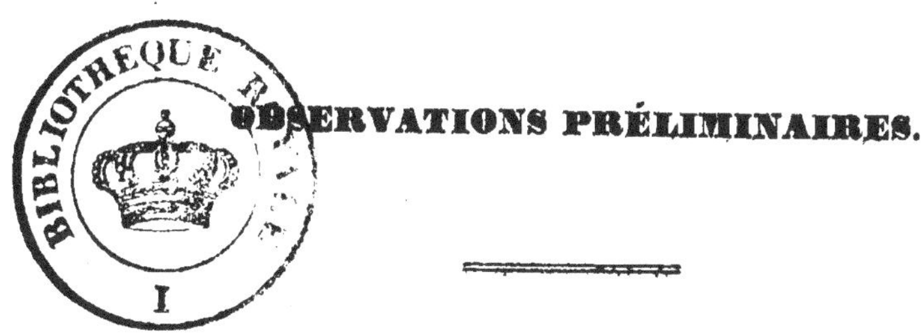

OBSERVATIONS PRÉLIMINAIRES.

Le lecteur intelligent n'a pas besoin d'être averti que cet écrit a été rédigé à la hâte : les preuves de cette précipitation ne sont que trop apparentes. Cette considération pourra servir d'excuse à quelques imperfections.

Le fil de la discussion se brise plus d'une fois sous la plume de l'écrivain; il y a quelques répétitions de raisonnements et d'exemples à l'appui de ces raisonnements. Une composition plus soignée eût été moins exposée à la critique; mais des pages qui s'impriment en même temps qu'elles s'écrivent ont peut-être droit à l'indulgence, surtout lorsque, comme dans le cas présent, il s'agit d'une de ces grandes questions qui intéressent le genre humain, et quand cette question marche à son dénouement avec une rapidité effrayante. La thèse générale, qui n'implique pas moins que la liberté des mers, est partout bien comprise; mais il existe, dans l'application de ce principe aux États-Unis et à la Grande-Bretagne, une complication de circonstances généralement mal appréciées; et ces circonstances, nées des rapports particuliers des deux pays et des événements consignés dans l'histoire de leurs relations, ajoutent aux embarras de leur position respective.

Voici quel a été le but de l'écrivain. A tous ceux que ce débat intéresse, (et qui pourrait demeurer indifférent lorsqu'il est question de la liberté des mers ?) à tous ceux qui ne peuvent ou ne veulent pas s'en référer aux documents originaux écrits en anglais, il a voulu, par un résumé succinct, mais complet, de la discussion, donner une idée générale des bases sur lesquelles s'appuient les prétentions des uns et la résistance des autres. Cette tâche, il s'est efforcé de la remplir avec loyauté : aura-t-il réussi ? à d'autres de le dire.

Cette controverse diplomatique n'a-t-elle pas dégénéré déjà en querelle politique ? L'auteur l'ignore et il le craint. Cependant il espère encore que l'opinion du continent européen secondera les efforts des États-Unis, et que ces influences réunies trouveront de puissants auxiliaires dans le bon sens naturel et les sentiments équitables du peuple de la Grande-Bretagne; il espère encore que le cri de la conscience publique, entendu du gouvernement anglais, le fera renoncer à des prétentions qui ne sauraient être soutenues sans injustice ni subies sans déshonneur.

L'auteur s'est renfermé dans les bornes d'une discussion courtoise. Il n'affecte pas de dissimuler le sentiment profond avec lequel il a abordé sa tâche; mais ses habitudes personnelles et la gravité du sujet ne lui ont pas permis de se livrer à une lutte de récriminations concernant les motifs des deux contendants principaux, qui en appellent maintenant au jugement de leurs contemporains, à celui des puissances de la terre et de la postérité, et qui bientôt peut-être en vont appeler à la dernière raison des peuples.

L'auteur s'est donc abstenu de tout argument relatif aux *intérêts matériels* des Indes, soit Orientales, soit Occidentales; intérêts que les journaux les plus éclairés de l'Europe continentale et nombre d'écrivains ont regardés non comme simplement impliqués, mais comme servant de point de mire dans le système si opiniâtrément suivi pour la suppression de l'esclavage et de la traite. Ce n'était pas que l'auteur ignorât la puissance de ces arguments; mais par respect pour lui-même, par respect pour son pays et pour le grand peuple qui a si magnifiquement honoré et servi le genre humain, il a cru devoir s'abstenir d'y toucher, soit pour s'en appuyer, soit pour les combattre.

Paris, 21 janvier 1842.

EXAMEN.

Le droit de visite maritime, aujourd'hui discuté par les gouvernements britannique et américain, est une question grave et d'un haut intérêt pratique pour toutes les nations qui tiennent à la liberté des mers : intérêt évident, sinon par l'application de ce droit à l'objet qui a été la cause ou le prétexte des réclamations anglaises, à coup sûr par les conséquences qui peuvent résulter de l'usage ou de l'abus. Le droit de visite n'a que des rapports accidentels avec la traite des noirs en Afrique, et la nature de ce trafic, qui nulle part ne trouve de défenseurs, ne saurait changer celle de la question. Il n'en peut résulter pour aucune puissance ou pour aucune association de puissances, le droit d'introduire dans la loi des nations une interpolation qui fasse partie de ce grand code. Le gouvernement britannique annonce qu'il a ici pour but de détruire les derniers restes de la traite : notre intention n'est pas de discuter ses motifs; mais dans toutes discussions générales il faut considérer la nature humaine en elle-même, avec son mélange de bien et de mal. Nous pouvons, sans offenser personne, examiner de bonne foi l'application d'un principe et chercher quelles en seront, pour les parties intéressées, les conséquences. Ces parties, nous nous croyons donc parfaitement libres de l'affirmer avec tout le respect possible pour les convenances, ne peuvent rester indifférentes à la manière dont ce principe appliqué affectera leurs intérêts, quels que soient les motifs généraux de philanthropie qui aient amené le débat.

La Grande-Bretagne est éminemment un État maritime et commerçant. L'histoire de son accroissement naval depuis un siècle et demi est grosse de leçons pour tous les peuples intéressés à la liberté des mers. La Grande-Bretagne a marché d'un pas ferme à son but. Elle possède la supériorité maritime; elle aspire à la suprématie. Nous ne disons pas ceci pour la blesser, mais pour être vrais. Partout, sous toutes les formes, l'ambition humaine ne cesse de s'agiter. Sur mer comme sur terre l'histoire du passé n'est qu'un avertissement pour l'avenir. Les peuples ne renonceront jamais aux luttes de l'ambition. Il est impossible qu'un gouvernement et un peuple aussi intelligents que ceux de la Grande-Bretagne ferment les yeux sur les effets du droit de visite qu'ils revendiquent : de quelques vues philanthropiques que soit née la première idée de ce droit, il assure à leur pavillon la suprématie virtuelle des mers. Nous disons la *suprématie virtuelle*, parce que la pratique démontrera que quatre-vingt-dix-neuf fois sur cent, ce seront les croiseurs anglais qui visiteront les navires des autres nations.

Le gouvernement britannique a pendant vingt-cinq ans pressé le gouvernement des États-Unis de donner son consentement à cette mesure. Repoussée fermement, la demande a été obstinément réitérée. Dans le même laps de temps des traités ont été conclus à divers intervalles entre la Grande-Bretagne et d'autres nations, lesquels établissaient le droit réciproque de visite et réglaient le principe d'exercice de ce droit. Tout récemment cinq puissances européennes (deux desquelles ont peu de navires sur l'Océan et probablement pas un sur la côte d'Afrique), se sont mutuellement engagées par une convention semblable. « La Grande-Bretagne, dit le *Times*, a fait *de grands efforts* (*great exertions*) pour atteindre à ce but. » — L'expression est-elle exacte ? Nous ne la jugeons pas ; mais certes elle est significative.

Or donc ce principe du droit de visite en temps de paix profonde, lequel jusqu'à présent n'avait jamais été réclamé comme question de droit ; ce principe, si solennellement déterminé par le juge de l'amirauté anglaise lord Stowell; ce principe, introduit pour la première fois depuis la dernière guerre générale européenne, sous forme d'arrangement conventionnel, établi par traités à l'égard de certaines puissances comme chose à régler entre elles, le voilà revendiqué par la Grande-Bretagne comme article du code des nations, article qu'elle a le droit et l'intention de faire exécuter, en qualité de gardienne des mœurs (*custos morum*), pour le compte de toutes les puissances maritimes du globe! « Tout ce que demande notre gouvernement, dit le *Times*, c'est le simple droit d'agir comme constable à l'égard des navires suspects portant le pavillon américain. » Et qui a constitué l'Angleterre grand préfet de police de l'Océan, visitant, capturant à sa guise? Et maintenant, aux Etats-Unis si longtemps sollicités d'accorder ce point par convention, on vient dire que la chose est réglée sans eux, en dépit d'eux! et le premier journal ministériel de Londres, le *Times*, dans son principal article du 5 janvier, après avoir soutenu cette interpolation manifeste dans la loi des nations, affirme que les puissances européennes signataires du dernier traité ne se laisseront arrêter par aucune des résistances ordinaires. Voici la conclusion assez significative du *Times*: « Les États-Unis savent déjà à quoi s'en tenir sur une guerre avec l'Angleterre seule : une guerre entre eux et l'Europe entière sera une nouveauté. »

Certes, il n'y a pas ici manque de franchise. Tandis que l'ambassadeur spécial, lord Ashburton, part, dans un but déclaré de paix et de conciliation, on nous dit en toutes lettres, par l'organe important du *Times*, que les États-Unis n'ont qu'un moyen d'éviter une guerre avec le monde européen; et ce moyen c'est de se soumettre aux volontés de l'Angleterre. Au nombre des parties signataires du dernier traité, il existe pourtant des puissances qui nous paraissent peu disposées à se jeter dans une pareille lutte. Nous croirons à leurs velléités belliqueuses contre l'Amérique, lorsque nous entendrons le bruit de leurs canons. Mais le *Times* s'exprime-t-il ainsi par permission ou par ordre, ou sans mission aucune? Cette déclaration est-elle une prophétie en même temps qu'une menace?

Quant à la suppression de la traite, cette question ne rencontre aux États-Unis aucune opposition. Les États-Unis, on le sait, ont des premiers donné au monde l'exemple de la prohibition légale de ce trafic. Dès le 22 mars 1794, ils le réprimaient par des mesures législatives. Par une série de lois, le 10 mai 1800, le 28 février 1803, le 2 mars 1807, le 20 avril 1818, et le 3 mars 1819, ils étendaient, renforçaient les prescriptions et la pénalité relatives à la traite ; ils punissaient de fortes amendes, et, entre autres peines, de sept années de prison, quiconque se livrerait à cette abominable industrie. Leurs croiseurs armés ont des instructions permanentes à l'effet d'examiner tous les navires marchands américains qu'ils rencontrent, et qu'ils ont quelques motifs de soupçonner. Leurs tribunaux appliquent les lois répressives de la traite avec autant de promptitude et d'impartialité que les tribunaux de France et d'Angleterre. Qu'il y ait des infractions occasionnelles, et qu'on abuse parfois du pavillon américain, nous ne le nierons pas ; mais quant à l'introduction d'esclaves sur le territoire des États-Unis, ce trafic y est inconnu et y serait impossible. Nous oserions affirmer que pas un esclave n'a été importé aux États-Unis depuis trente ans. En pareille matière, nous regretterions la moindre inexactitude, et nous ne sachions pas que notre assertion soit démentie par une seule exception. Si quelques intérêts américains sont mêlés à la traite, c'est dans le transport des esclaves au Brésil ou bien aux colonies Espagnoles ; et ce fait même est beaucoup plus rare qu'on ne le suppose. Ce qui l'a fait croire plus fréquent, c'est que les fines goëlettes de Baltimore, si renommées pour leur vélocité, étant souvent achetées par des marchands Espagnols et Portugais, sont par eux adaptées à la traite. Tout marin quelque peu pratique reconnaît ces goëlettes au premier coup d'œil ; et comme elles sont de construction Américaine, on suppose qu'elles sont aussi propriété Américaine, tandis qu'elles sont de fait dénationalisées. Nous en appelons à tout homme sensé et de bonne foi : quand il s'agit de ce scandaleux trafic de chair humaine, condamné par l'opinion publique et par les lois des États-Unis, surveillé perpétuellement par une de leurs escadres le long de la côte d'Afrique ; quand il s'agit de ce trafic, révoltant pour l'humanité, que le christianisme déplore et que réprouve le monde civilisé, l'intérêt pécuniaire d'une poignée d'hommes dégradés qui s'y livrent en cachette, associés par leurs capitaux aux spéculateurs négriers étrangers, un intérêt si chétif et si vil peut-il, dans la balance du gouvernement Américain, avoir le poids de quelques grains de poussière ? A ce misérable motif plusieurs journaux Anglais ont fait allusion, plutôt qu'ils ne l'ont mentionné. Nous ne nous abaisserons pas à réfuter cette accusation ; aucune administration, dans toute l'étendue de l'Union, ne pourrait donner la moindre apparence de fondement à une imputation de cette nature, sans crouler devant l'indignation publique. Non, ce n'est pas l'esclavage Africain que les États-Unis prétendent maintenir ; c'est, comme nous le verrons tout à l'heure, l'asservissement Américain, celui de leurs matelots, qu'ils cherchent à empêcher.

On ne saurait après tout entreprendre si légèrement une croisade philanthropique contre un peuple, parce que ses lois sont quelquefois enfreintes et parce qu'on abuse de son pavillon. Si son gouvernement est de connivence avec les délinquants, alors sans doute il s'expose aux justes reproches de la chrétienté. Mais, pour ce qui concerne les États-Unis, il n'y a pas prétexte à de telles imputations ; et la question aujourd'hui pendante doit être résolue par des considérations absolument indépendantes de ces infractions accidentelles, communes à tous pays et à toutes législations.

Quant au droit de visite en temps de paix, personne jusqu'à présent n'en a reconnu l'existence. Le juge de l'amirauté anglaise, sir William Scott, depuis lord Stowell, est certes assez connu ; aucun de ceux qui ont suivi la série de ses décisions pendant la dernière guerre générale, ne doute de ses dispositions à exagérer plutôt qu'à restreindre les prétentions maritimes de l'Angleterre. Eh bien ! lord Stowell a expressément décidé que le code des nations ne reconnaît aucun droit de ce genre. La décision de lord Stowell, à propos d'un navire français capturé sur la côte d'Afrique, doit faire ici autorité ; et cette autorité renverse toute l'argumentation des partisans du droit de visite.

« Aucune nation ne peut exercer un droit de visite et de recherche sur les portions communes et vagues de l'Océan, qu'à titre de puissance belligérante. «Aucune nation n'a le droit d'ouvrir la voie « à l'émancipation de l'Afrique par la force, et en « foulant aux pieds l'indépendance d'autres États; « aucune nation n'a le droit, sous le prétexte d'un « bien éminent, de recourir à des moyens illicites, « ou de presser la reconnaissance d'un grand prin- « cipe en renversant d'autres grands principes qui « font obstacle. »

Mais, peut-on demander, l'objet de la mesure aujourd'hui réclamée étant juste, pourquoi le gouvernement Américain refuse-t-il son assentiment aux propositions qui lui ont été faites? Ce pouvoir réciproque est-il plus injurieux ou moins honorable aux États-Unis qu'aux autres gouvernements qui en ont admis la nécessité? — La question est loyale; elle demande une réponse non moins franche. Si cette réponse est impossible, nous serons forcés de convenir que les motifs des États-Unis sont exposés à des soupçons légitimes, et qu'on peut les traduire à la barre de la chrétienté.

En premier lieu nous remarquerons qu'il existe dans l'esprit de l'homme une répugnance naturelle à céder à des demandes accompagnées de menaces. Ce sentiment est commun aux peuples comme aux individus; il constitue une part de la dignité humaine. A l'opiniâtreté des réclamations Britanniques a répondu celle des résistances Américaines. Et maintenant que les États Unis sont derechef sommés d'adhérer à un principe nouveau de droit public, contre lequel ils ont constamment protesté depuis sa première promulgation; maintenant que lord Aberdeen vient leur dire que la marche du gouvernement Anglais est tracée; que ses prétentions ne reculeront pas devant l'emploi de la force; « que c'est au gouvernement Américain à décider (remarquez le sarcasme!) ce qui peut être dû à de justes égards pour sa dignité et son honneur national, » quel peuple généreux, dans la position présente des États-Unis, n'opposerait à un langage si dictatorial cette légitime résistance, sans laquelle il est impossible qu'une nation conserve le respect d'elle-même ou l'estime de l'étranger?

Mais en outre où s'arrêterait cette doctrine d'interpolation? Qui peut dire jusqu'où l'on pourrait la pousser, jusques à quoi l'on pourrait l'appliquer? C'est par degrés et pas à pas que nombre de prétentions contraires aux plus simples notions de la raison et de l'humanité ont ainsi fait leur chemin dans le domaine légal et pris enfin place dans le code maritime. — Les puissances en état de guerre sont toujours prêtes quand il s'agit de briser les faibles barrières que l'opinion publique s'est efforcée de donner pour abri au paisible commerce. Le *Times* du 8 janvier décrit et défend ces procédés avec non moins de sang-froid que de franchise. Les leçons du passé sont perdues pour quiconque ne lit pas, dans cet aveu, les transformations projetées que doit subir le code maritime. Un acte de violence d'hier, déclaré tel par le duc de Wellington et lord Stowell, devient la doctrine d'aujourd'hui; demain ce même acte, légitimé, défendu par les jurisconsultes, sera soutenu à coups de canon, et les conseils d'amirauté l'appliqueront comme loi.

« La même espèce de proscription générale, depuis que Napoléon l'a essayée contre nous, n'a pas mieux réussi à se faire jour dans le code international. Dans toute cette histoire, le juste et l'utile l'ont définitivement emporté; *mais chaque pas a été le résultat d'une lutte* (ici et ailleurs, c'est nous qui soulignons), d'une lutte pareille à celle qui est aujourd'hui pendante entre nous-mêmes et les États-Unis. *La loi s'est ouvert à elle-même ses voies.* »—Paroles frappantes certes, et aussi vraies qu'elles sont frappantes! La force, une fois admise, usurpe de plus en plus la place de la justice (*La loi s'ouvre à elle-même ses voies*); elle marche renversant devant elle la science des légistes, la décision des juges et les droits du genre humain.

Outre ces considérations générales, applicables à toutes modifications du code maritime, il existe des raisons puissantes pour que les États-Unis refusent leur consentement à cette mesure. — De ces raisons quelques-unes leur sont communes avec tous les autres États qui ne prétendent pas faire la police des mers, ou, comme dit le *Times*, agir en qualité de *constables de l'Océan;* quelques autres ne sont propres qu'aux États-Unis : elles proviennent des rapports spéciaux que la communauté de langage, de mœurs et d'institutions a établis entre eux et l'Angleterre.

Considéré comme mesure affectant le commerce de l'Océan, le droit de visite est arbitraire, vexatoire et non-seulement sujet, mais nécessairement sujet à des abus sérieux.

Il est arbitraire, parce qu'il établit un officier de marine, quel que soit son rang, juge absolu de questions sérieuses et de graves intérêts. Sous prétexte de déterminer la nationalité d'un navire ou le but de son voyage, il permet à un étranger de satisfaire ses antipathies ou sa cupidité en capturant le navire et la cargaison, en incarcérant l'équipage, en l'envoyant subir un examen dans un port éloigné : et tout cela sans aucun recours efficace en cas de prévarication ou d'erreur.

Il est vexatoire, parce que quiconque sait ce

que c'est que d'accoster un navire, et comment se conduisent les officiers en pareilles circonstances, sait aussi que la visite s'opère avec fort peu d'égards pour la justice et fort peu d'indulgence. D'un côté est la force, de l'autre la faiblesse. Durant la longue période de domination sans frein exercée sur les mers par les puissances belligérantes, vers la fin du dernier siècle et au commencement du présent, les navires Américains furent trop souvent victimes d'un pareil droit de visite, exercé par la rapacité et l'insolence, pour qu'il reste aucun doute sur le caractère des actes qu'entraînerait l'acquiescement à cette mesure. Le jugement sévère que nous portons ici, c'est aujourd'hui de l'histoire. Nous ne nous arrêterons pas à examiner la valeur du motif par lequel on a cherché à justifier ces actes; à savoir: que l'ennemi avait commencé l'œuvre de violence. Nous ne discuterons pas la véracité de ces accusations réciproques. Les navires de la France, ceux des États-Unis et des villes Anséatiques ont eu déjà un avant-goût de ce qu'on peut attendre quand la consécration de quelques années de pratique aura été donnée à la présente doctrine, comme à un principe désormais reconnu de droit international.

Les équipages seront passés en revue, examinés peut-être par quelque enseigne imberbe; et cette formalité injurieuse le deviendra plus encore grâce à l'espèce d'insolence qui accompagne partout l'exercice d'un pouvoir irresponsable. On ne peut mieux décrire cette tendance offensante que ne l'a fait le *Sun*, journal de Londres; et comme son autorité vaut mieux ici que la nôtre, nous le citerons : « L'habitude de l'arbitraire parmi nos officiers de marine, dit ce journal, est engendrée et entretenue par notre mode de recrutement naval; et ces habitudes ils ne se font pas scrupule de les étendre aux bâtiments étrangers. » Cela est vrai à la lettre pour ce qui concerne le traitement fait aux bâtiments de commerce. Qu'on établisse une fois ce droit de visite, et l'on verra se renouveler bien vite les scènes de violences qui, vingt années durant, ont troublé l'Océan. Attendons-nous à entendre parler d'écoutilles brisées, de cargaisons bouleversées, entassées sur le pont, de propriétés dilapidées, d'une foule d'objets enlevés sans permission et sans compensation. Tout cela est mille fois arrivé; tout cela est inséparable de procédés de cette espèce. Nul doute qu'aucun officier honorable n'ait prohibé et déploré ces excès; mais où la force fait le droit, il n'est aisé ni de les constater ni de les punir. Les annales maritimes des États-Unis fourmillent de pareils événements durant ces orageuses époques; et les plaintes ne provenaient pas seulement de la conduite d'une des puissances belligérantes, bien que, attendu le nombre de ses croiseurs ou pour une autre cause, l'une de ces puissances fît beaucoup plus de mal au commerce Américain que sa rivale.

Nous parlons de tout ceci en historien qui signale le passé comme un avertissement, et prédit à l'avenir les mêmes conséquences si les mêmes causes sont mises en jeu. Le journal *the Scotsman* apprécie parfaitement les sentiments Américains : « Nous ne doutons pas, dit-il, que l'arrogant et injustifiable droit de recherche, revendiqué dans la dernière guerre par la Grande-Bretagne, ne soit au fond la cause de l'opiniâtre hostilité des Américains aux propositions raisonnables de notre gouvernement. »

Ces prétentions, nous le répétons, conduisent à de sérieux abus, parce qu'il y a et qu'il y aura toujours de violentes tentations, tant nationales qu'individuelles, de pervertir le programme du droit de visite et de le faire servir à d'autres fins, assez apparentes déjà quoique non avouées; et, en second lieu, parce que le remède est éloigné, dispendieux et incertain.

Le commerce de l'Afrique est déjà important; il le devient chaque jour davantage. La suppression même de la traite des esclaves tendra évidemment à faire refluer dans d'autres voies l'industrie et les capitaux. L'Angleterre est maintenant occupée à explorer l'intérieur de ce vaste continent; avec sa prévoyance accoutumée elle étend ses rapports au milieu des peuplades indigènes et se prépare de nouveaux moyens de communication. De nombreux croiseurs Anglais stationneut sur ces côtes lointaines, armés d'un droit illimité de visite et de pouvoirs discrétionnaires de capture à l'égard de tous les bâtiments qui fréquentent ces mers. Peut-on douter qu'ils ne troublent sérieusement le commerce des autres nations, en arrêtant leurs navires jusqu'à jugement, et cela sous les prétextes les plus frivoles, sans aucun prétexte peut-être? car il ne faut pas perdre de vue un des plus importants éléments de cette controverse; à savoir : que l'apparition seule d'un navire marchand dans ces parages le rendra de fait suspect. C'est là le point capital des prétentions Anglaises : le droit de déterminer par un examen réel le véritable caractère de tout bâtiment rencontré dans *certaines latitudes*, lesquelles sont préjugées *suspectes*, de même que les réglements de quarantaine supposent certains pays toujours pestiférés. En pareilles conjonctures un officier croiseur, stimulé par la récompense qui suit toujours une heureuse capture, poussé par le désir assez naturel de favoriser le commerce de son pays et de décourager celui d'un autre, un officier croiseur pensera volontiers ou fera semblant de penser, qu'en cas tant soit peu douteux de destination ou de nationalité, le parti le plus conforme aux nouveaux *Institutes*, c'est de renvoyer un bâtiment devant une cour d'amirauté, un de ces gouffres sans fond qui ont englouti tant de navires Américains, alors qu'il ne régnait plus sur l'Océan d'autre droit que le droit de la force. On conçoit aisément quelles vexations, quelles interruptions de voyages résulteraient de ce système. Un commerce. entravé par des circonstances si défavorables ne peut soutenir la concurrence avec celui d'une nation favorisée, qui elle-même exerce la police des mers, et qui peut se montrer rigoureuse ou facile suivant la mesure de ses préjugés ou de ses intérêts. Il faut y renoncer, et plusieurs journaux Parisiens, du 8 janvier courant, annoncent, en effet, que le navire français *la Sophie* vient de changer de destination, plutôt que de se soumettre aux vexations qu'un autre bâtiment français, *le Marabout*, a naguère éprouvées de la part des croiseurs Anglais sur la côte du Brésil. Quant aux indignités auxquelles ces procédés exposent les officiers et les équipages des vaisseaux marchands, chaque nation en jugera elle-même. Il n'est nullement probable que les prétentions Britanniques soient rendues moins injurieuses par le mode de l'exécution.

Mais, à part ces diverses objections, également applicables à tous les peuples maritimes, il en existe une autre infiniment plus puissante. Les rapports particuliers de langage, de mœurs et d'institutions, qui existent entre les États-Unis et la Grande-Bretagne, rendent cette mesure, non-seulement pénible, mais odieuse au dernier point pour le gouvernement et le peuple Américains. Nous ne voudrions pas imputer des motifs peu dignes à une nation grande et intelligente; l'Angleterre s'est acquis des titres légitimes à l'admiration du monde; mais il nous faut bien prendre la nature humaine telle qu'elle se manifeste, et le code de la morale politique, dans l'élasticité de ses maximes, renferme beaucoup de mal comme beaucoup de bien. Au milieu des nombreuses améliorations qui se sont introduites par degrés dans la constitution Britannique, ce pays a gardé avec une ténacité prodigieuse certaines prétentions nées de l'esprit féodal : celle entre autres de considérer tout individu né sous ses lois comme sujet Anglais à toujours. S'il est marin par état, partout où on le rencontre, il peut être pris et forcé de servir pour un temps illimité sur les vaisseaux de guerre de la Grande-Bretagne. Ceci n'est pas une loi de conscription agissant également sur tous, soumettant tous à la même chance, requérant leurs services à des conditions fixes, et pour un temps déterminé. Et pourtant, ce fait considéré comme un acte de juridiction municipale, d'autres nations n'ont guère à en scruter la justice ou la politique que comme d'un point de théorie générale. Pour les États-Unis il en est autrement. Cette prétention est d'une importance effrayante pour le maintien de la bonne harmonie entre eux et leur ancienne métropole. Le gouvernement de Londres réclame le droit de *presser* les matelots à bord des bâtiments marchands Américains, et ce droit, le fait est bien connu, il a osé l'exercer contre la frégate *Chesapeake*, en temps de paix profonde, à la suite d'un combat inégal où les Américains, accablés par des forces supérieures, furent contraints de céder. La conduite du commandant Anglais fut désavouée; mais il n'en fut pas moins avancé en récompense de son zèle.

C'est maintenant un fait historique que, pendant nombre d'années, la marine militaire Anglaise a accosté les bâtiments Américains sur tous les points de l'Océan, et s'est emparée de leurs équipages, les incorporant avec les siens propres, et les forçant à se battre pour une puissance étrangère, contre la France d'abord, et, en définitive, contre leur propre pays, lorsque ces agressions eurent allumé la guerre. En théorie, le gouvernement Britannique ne s'arrogeait pas, il est vrai, le droit de *presser* des citoyens américains, à moins que ces citoyens ne fussent nés sujets anglais : en ce cas, leur nationalité nouvelle ne les garantissait pas de l'oppression. Mais, dans la pratique, ce pouvoir s'exerçait avec fort peu d'égards pour la nationalité des équipages Américains, l'officier abordeur étant le juge final, et le croiseur ayant presque toujours besoin de matelots capables. Un enseigne montait à bord d'un bâtiment Américain avec des pouvoirs absolus; il passait l'équipage en revue, déclarait que tel et tel individu étaient sujets Anglais, les *empoignait* et les emmenait à son propre bord, pour y attendre leur congé de la mort ou d'une paix générale.

Vaines étaient les protestations des malheureuses victimes d'une violence sans frein ; vaine était l'opposition du capitaine ; vaines aussi les preuves consignées dans les papiers du bord. Les vaisseaux de Sa Majesté Britannique avaient besoin de matelots; ils prenaient des matelots. De longues années durant, une chaude correspondance diplomatique eut lieu entre les deux gouvernements; mais, les arguments étant épuisés et les abus continuant, il fallut bien enfin en appeler aux armes.

Le gouvernement Anglais disait : Nos matelots cherchent refuge aux États-Unis ; ils entrent dans la marine Américaine, et se dérobent ainsi à leurs devoirs envers leur pays. Nous avons droit à leurs services, et nous avons aussi le droit de les prendre partout où nous les trouvons en pleine mer, sur des vaisseaux marchands que nous avons abordés pour d'autres causes.

Le gouvernement Américain répondait : Nous nions la doctrine de sujétion (*allegiance*) perpétuelle. Notre pays est ouvert. Si des étrangers s'y présentent, après un certain nombre d'années et l'accomplissement de certaines formalités établies, ils peuvent être revêtus du caractère de citoyen Américain, et notre devoir est alors de les protéger. Vous reconnaissez le même principe, et vous le pratiquez de même. Vous naturalisez par acte du parlement; vous naturalisez toute personne qui réside un certain nombre d'années dans vos colonies, et *vous naturalisez tous les matelots qui ont servi* quelque temps dans la marine anglaise. A présent même les gouverneurs de quelques-unes de vos colonies obligent les émigrants des États-Unis à porter les armes contre eux.

Nous venons de consulter le *Dictionnaire du Commerce* de Mac-Culloch pour savoir jusqu'à quel point le gouvernement Américain était fondé dans ses assertions touchant la naturalisation des matelots étrangers par la loi Britannique, et nous y trouvons, page 1011, que, « entre autres moyens « de naturalisation, un étranger qui a servi à bord « des vaisseaux de guerre de Sa Majesté en temps

« de guerre, l'espace de trois ans, devient matelot « Anglais. » « Mais Sa Majesté peut, par procla- « mations pendant la guerre, déclarer que des « étrangers qui ont servi *deux ans* dans la marine « royale durant telle guerre, seront traités comme « marins Anglais. »

L'acte du congrès au sujet de l'emploi des marins au service Américain dispose que personne ne sera employé à bord des navires publics ou privés des États-Unis, s'il n'est indigène ou citoyen naturalisé. Un autre acte touchant la naturalisation dispose « que nul ne peut devenir citoyen « des États-Unis, s'il n'a, cinq années consécutives « avant son admission, résidé aux États-Unis, sans « avoir quitté jamais, ces cinq années durant, le « territoire de l'Union. » Au service maritime de l'un des deux pays un étranger peut entrer sans un moment d'épreuve; et après trois ans de service, il devient de fait matelot anglais; au service maritime de l'autre pays, nul ne peut entrer s'il n'est indigène, ou s'il n'a réellement vécu cinq ans dans le pays, sans le quitter même momentanément.

Dans toute l'histoire des inconséquences humaines, on trouverait peu de chapitres plus frappants que celui-ci. Mais les États-Unis désiraient d'éviter la guerre avec la Grande-Bretagne. Ils étaient disposés à beaucoup de concessions pour échapper à cette extrémité; ils épuisèrent toutes les ressources du raisonnement, ils offrirent tout. Ainsi parle le président des États-Unis dans son message du 13 juin 1812, recommandant la guerre : « Cette pratique (celle de la *presse*) est si loin de n'intéresser que les sujets Britanniques, que, sous prétexte de rechercher ceux-ci, des milliers de citoyens Américains, sauvegardés par la loi publique et par leur pavillon naturel, ont été arrachés à leur pays et à tout ce qui leur était cher, ont été traînés à bord des vaisseaux de guerre d'une nation étrangère, exposés à toutes les sévérités de la discipline et de l'exil dans les régions les plus lointaines et les plus désolées, forcés enfin à risquer leurs vies pour la cause de leurs oppresseurs et à devenir les tristes instruments de la mort de leurs propres frères. Contre cette énormité criante que la Grande-Bretagne aurait été si prompte à venger, si elle eût été commise envers elle, les États-Unis se sont en vain épuisés en remontrances et en plaintes; et pour qu'il ne pût rester aucun doute de leurs dispositions conciliantes ni aucun prétexte pour la continuation de ces excès, le gouvernement Britannique reçut l'assurance formelle du désir empressé des États-Unis de se prêter à un arrangement de nature à ne pouvoir être repoussé, si la délivrance des sujets Anglais était l'unique et le véritable objet de la négociation; cette communication n'eut aucun résultat. » Nous revenons au point maintenu par le gouvernement Américain dans la correspondance à laquelle nous en avons référé. Indépendamment, disait-il, de ces raisons si claires (les mêmes que nous avons déjà présentées) il y en a une autre qui domine toute la question. Votre droit, de votre propre aveu, n'est pas un droit absolu. Il cède à notre droit de souveraineté. Vous ne réclamez pas le droit de venir sur notre continent arrêter vos matelots. Où trouvez-vous celui de les arrêter à bord de nos navires, couverts par notre pavillon, et aussi indépendants de votre juridiction, excepté en certains cas prévus de guerre, que le territoire même des États-Unis ? Si vous souffrez que vos citoyens vous échappent et viennent se ranger sous notre souveraineté, votre droit à leurs services doit céder à notre droit supérieur d'indépendance nationale. Comme beaucoup d'autres droits ou prétentions sociales, si celui-ci ne peut être exercé sans violer les priviléges d'autrui, il faut y renoncer.

Les légistes Anglais de cette époque, qui administraient et souvent faisaient la loi maritime, étaient doués d'assez de subtilité pour découvrir de nouveaux principes à l'usage des circonstances nouvelles, et les hommes d'État Anglais avaient assez de fermeté pour les adopter et les soutenir. Mais dans toute la durée de cette guerre, au milieu de ces ordres du conseil et de ces décrets impériaux qui ont si longtemps tourmenté le commerce des neutres et outragé le bon sens du genre humain, nous doutons qu'il y ait eu une invasion plus hardie dans les régions de la métaphysique maritime que la promulgation de cette doctrine destinée à concilier l'exercice du droit de *presse* avec ces principes de droit public depuis trop longtemps démontrés pour être ouvertement controversés. Nous ne savons quel fut le révélateur de cette terre jusqu'alors inconnue (*terra incognita*) ; mais la découverte en fut annoncée par une grande et haute autorité. On trouve cette annonce dans la déclaration du prince régent de la Grande-Bretagne, datée du 9 juillet 1813, en réponse aux manifestes du gouvernement Américain, où se trouvaient récapitulées les causes qui avaient poussé les États-Unis à la guerre. « Son Altesse Royale, » maintient gravement cette déclaration, « ne saurait admettre que, dans l'exercice du droit indubitable et jusqu'à présent incontesté de visite à l'égard des navires marchands neutres en temps de guerre (par allusion au droit ordinaire de visite autorisé par le droit des gens), la *presse* des matelots Anglais qui s'y rencontrent, puisse être considérée comme une violation de pavillon neutre. Il ne saurait non plus (le prince régent) admettre que l'arrestation de ces marins à bord de tels navires puisse être regardée par aucun État neutre comme une mesure hostile ou comme une cause raisonnable de guerre. »

Ainsi s'exprime le pouvoir exécutif de l'Angleterre. Il désavoue ouvertement le droit de *pénétrer* dans un navire Américain pour y faire la *presse ;* mais, une fois entré, l'officier abordeur a le droit de s'emparer de tous les sujets Britanniques qu'il trouvera, c'est-à-dire de se saisir de tout matelot Américain et de le jeter sur le pont d'un croiseur Anglais. Nous ne reviendrons pas à l'histoire des monstrueux abus qui sont nés de cette prétention, et qui ont poussé les États-Unis à la guerre. Ils seraient devenus la risée des nations, s'ils se fussent humblement résignés à voir leurs matelots réduits à ce pire de tous les esclavages. Mais il est bien, dans l'intérêt de l'avenir, d'examiner les prétentions du passé. Un matelot, à bord d'un bâtiment Américain, est protégé par son pavillon national. Aucun officier Anglais n'y peut entrer pour l'enlever de son asile naturel ; mais, entré dans un but, il peut en accomplir un autre. Certains droits de belligérant lui sont donnés, et, pour y faire honneur, il peut arreter tous les navires sur le grand chemin des peuples. Cela fait, plus ou moins sérieusement, il peut se retourner et faire de son droit d'entrée un usage totalement différent. Il peut attenter à la souveraineté des neutres en exécutant, non les articles du code international, mais les simples règlements municipaux de son pays, et cela avec le plus outrageant arbitraire. Non, nous ne saurions voir en tout cela que des sophismes à l'usage d'un pouvoir résolu à atteindre son but, et qui cherche à justifier ses convoitises. Ce droit *de conversion* n'existe pas. La justice n'admet pas cette prétention de demander une chose et d'en faire une autre. Tout cela choque le bon sens des peuples.

Ce serait peine perdue que de réfuter de pareilles raisons. L'analogie de la loi anglaise mènerait le gouvernement de Londres à des conclusions bien différentes. En Angleterre, un homme ayant droit d'entrée pour un objet et s'en servant pour un autre, se constitue lui-même prévaricateur *ab initio*. Sa justification légale cesse du moment où l'objet déclaré a fait place au but caché mais réel.

Conformément à ce droit de conversion, quand les troupes Anglaises pénétrèrent dans l'État de New-York pour brûler *la Caroline*, une fois entrées sur le territoire Américain, dans un but légal suivant elles, à plaisir elles auraient pu violer la souveraineté nationale, s'emparer de quiconque était né sujet Britannique et l'emmener au Canada. Et pourquoi ne s'être pas saisis de leurs débiteurs Américains? Pourquoi n'avoir pas accompli tout autre acte légal sur leur propre territoire, puisqu'ils s'arrogent le droit d'exécuter leurs lois municipales à bord des bâtiments des États-Unis? Ces prétentions ne peuvent reposer que sur une base, et cette base, la voici : les lois anglaises *sont supérieures* aux lois des États-Unis, partout où la puissance anglaise établit sa tente, ne fût-ce que pour une heure et dans un but quelconque.

Mais une autre *grande autorité*, le *Times*, a récemment émis la même doctrine, plus clairement encore et tout à fait *ex cathedrâ ;* montrant avec quelle rapidité ces prétentions maritimes prennent avantage du temps et de la pratique. Nous ne pouvons, pour le moment, renvoyer au numéro de cette feuille qui renferme cette assertion, mais ce doit être celui du 6 ou du 7 janvier; et elle se trouve dans le *Galignani's Messenger* du 10 janvier, qui l'emprunte au journal de Londres. Après avoir établi le droit de visite quant aux propriétés de l'ennemi et aux articles de contrebande de guerre, le *Times* poursuit dans ces termes : « On accorde aussi, nous le croyons, que si, durant la visite, nous trouvons des marchandises ou des personnes ennemies, ces marchandises et ces personnes sont de bonne prise; la loi étant néanmoins assez *méticuleuse* pour exiger, dans le premier cas, que les capteurs paieront le fret aux navires neutres dont ils saisiront le chargement. Or, pendant nos guerres avec la France, nous avons exercé ce droit incontesté et incontestable contre l'Amérique et contre le reste du monde, avec ce corollaire assez *naturel*, que, de même que nous pouvions nous emparer des ennemis du roi (droit donné par la loi des nations), nous pouvions nous saisir des sujets du roi qui avaient déserté leur devoir (c'est-à-dire quiconque parlait anglais) et qui servaient à bord des vaisseaux étrangers (droit que la loi des nations ne connaît ni n'avoue). »

Nous continuerons de citer le *Times*, parce que nous ne pourrions rien dire qui fît mieux sentir les intolérables abus de cette prétention, et parce que la position et le caractère de ce journal sont pour nous la meilleure garantie contre l'exagération de ces abus.

« Toutefois, dans l'exercice pratique de ce droit, légitime ou non, car il n'est pas nécessaire maintenant de nous prononcer sur ce point, la partie visitante étant naturellement la plus forte, et de plus, *parlant pour l'ordinaire, d'habitudes expéditives*, était assez sujette *à l'arbitraire* dans ses décisions touchant ce qu'il fallait regarder comme Américain ou comme Anglais. « *En cas de doute elle prenait la levée* ». Du moins c'est ce que pensaient et disaient les Américains; et chacun peut se rappeler que, une fois pris et logé à bord d'un vaisseau de guerre Anglais, à raison ou à tort, il n'était pas très-facile d'en sortir. L'Américain n'avait donc d'autre parti que de s'y bien tenir, avec autant de chances d'être coupé en deux par un boulet français, avant d'obtenir justice, qu'aucun de ses camarades Anglais. »

Nous pardonnons cette légèreté de style dans un sujet si grave, en considération de la franchise du journaliste et de cet aveu si franc d'un principe qui ne peut manquer d'exciter une réprobation générale, à présent que l'émotion causée par une lutte longue et amère est passée.

Une nation qui se soumettrait bassement à de telles exigences deviendrait la fable du monde, et, certes, le mépris n'aurait jamais été mieux mérité.

Le *Times* ajoute : « Cette querelle (celle de la *presse*) est maintenant assoupie; mais elle se réveillera, au plus tard à la première occasion, lorsque la guerre nous aura donné le droit qui est la conséquence de la guerre. *Elle peut renaître du traité même dont il s'agit*, traité qui établit un droit réciproque de visite pour la répression de la traite, à moins qu'on n'y pourvoie comme on le fera aisément et probablement, par des articles *ad hoc.* »

Mais ici se trouve la véritable raison des répugnances du gouvernement Américain à souscrire aucun arrangement qui reculerait les bornes du droit de visite. Serait-ce là aussi la raison de la ténacité avec laquelle le gouvernement Britannique presse cette affaire? Nous ne prenons pas sur nous d'en décider. Jusqu'à présent le droit de visite a été un droit de belligérant, lequel n'appartient qu'à un état de guerre..... Voici la première fois qu'on aspire formellement à l'exercer en temps de paix. La *presse* est un droit municipal, dépendant, disent les légistes Anglais, du rapport mutuel d'allégeance et de protection, et des devoirs qui en résultent réciproquement. D'ordinaire il ne s'exerce qu'en temps de guerre; mais le gouvernement en peut autoriser l'exercice en tout temps, de même que la conscription agit aussi bien en temps de paix que de guerre. Et certainement il peut s'offrir beaucoup de cas où l'exercice de ce droit soit nécessaire pour équiper une flotte, avant que les hostilités soient déclarées de fait, mais lorsqu'on les regarde comme imminentes. En pareilles conjonctures, ce droit nouveau de visite, amenant légalement un officier croiseur Anglais à bord d'un bâtiment Américain, pour un objet déterminé, lui donnerait toutes commodités, après s'être assuré que ce bâtiment n'attend ni ne contient d'esclaves, de s'emparer de son équipage et de le réduire à quelque chose de pire que la servitude africaine. En effet, à toutes les autres misères se joindrait, pour ces infortunés, l'obligation de se battre contre le pavillon de leur propre pays.

Le *Scotsman* n'est pas moins franc que le *Times* : «L'objet (de notre gouvernement),» dit-il, en faisant allusion au droit de visite comme il a été pratiqué jusqu'ici, « était de découvrir les matelots Anglais sur les navires Américains, ce qui donnait virtuellement à nos officiers de marine le pouvoir d'enlever les matelots des navires d'une autre puissance. »

C'est ainsi qu'après avoir déjà maintenu, sous des fortunes diverses, le droit de se saisir des matelots Américains en temps de guerre, comme une conséquence de son droit de puissance belligérante, si sa prétention actuelle est admise, la Grande-Bretagne peut s'emparer d'eux en temps de paix, en conséquence de son droit *pacifique* appelé de *visite;* et la marine des États-Unis deviendra ainsi une inépuisable source où elle ira chercher ses forces en temps de paix et de guerre.

Mais on peut dire, comme *le Times* l'insinue déjà, qu'il dépend du gouvernement Américain de faire une convention, laquelle exclurait ce procédé de *la presse.* et que par conséquent la crainte de cet inconvénient ne devrait pas empêcher l'adoption d'une mesure destinée à réprimer un trafic odieux. A cette observation, la réponse est aisée. Les États-Unis ne peuvent souscrire aucune stipulation dont le texte torturé pourrait sembler une reconnaissance de cette doctrine de *la presse.* Ils ne sauraient ni restreindre cette doctrine, ni lui tracer des règles. Ils ne peuvent qu'accepter une déclaration générale du gouvernement Britannique, que leur pavillon protégera leurs matelots, en tout temps, et en toutes circonstances, et il n'y a guère lieu d'espérer que les conseils de la justice prévaudront sur ceux de l'intérêt au point de conduire à une semblable mesure.

Si pourtant elle était adoptée par le gouvernement Anglais comme règle de sa conduite future, cette déclaration serait accueillie aux États-Unis comme l'indice de jours plus heureux, comme la cause et le gage d'une longue paix entre deux peuples que tant de motifs unissent et que si peu divisent.

En cas d'un tel inconvénient, il y aurait peu de risque à prédire qu'on en pourrait bientôt venir à un arrangement satisfaisant, qui assurerait la pleine coopération des États-Unis à la suppression de la traite. La grande difficulté se trouvant écartée, un esprit mutuel de conciliation aurait bientôt fait le reste. Mais jusque-là les États-Unis ne peuvent, dans aucun arrangement donnant le droit réciproque de visite pour le but déclaré de l'extinction de la traite, admettre l'engagement que la doctrine d'entrée facultative ne serait pas appliquée, et que la liberté de leurs matelots n'aurait rien à craindre. Une telle stipulation serait bientôt traduite en admission des prétentions anglaises dans d'autres circonstances, et le gouvernement ni le peuple Américain ne s'y soumettront jamais. Pour eux, c'est une question de vie ou de mort. Ils ont soutenu une guerre contre ces prétentions, il y a trente ans, lorsqu'ils étaient comparativement jeunes et faibles ; et maintenant qu'ils se sont développés dans tous les éléments du pouvoir, avec une rapidité inconnue à l'histoire humaine, ils ne trahiront pas leurs devoirs et leur honneur, quand viendra le jour d'épreuve.

Un Américain, chez lui ou en Europe, peut hardiment prédire que le premier homme enlevé d'un navire de son pays et détenu, avec une prétention de droit, par ordre du gouvernement Britannique, sera le signal de la guerre, d'une guerre qui sera longue, acharnée, et féconde en vicissitudes. Aucun citoyen des États-Unis ne peut perdre de vue la puissance de la Grande-Bretagne, la bravoure de ses flottes et de ses armées. Mais deux fois déjà la République s'est honorablement tirée d'une pareille lutte, et avec la justice de son côté elle espérerait de nouveau la victoire. A tous hasards, elle essaierait.

Dans la discussion précédente, nous avons parlé généralement du droit de visite, sans nous laisser détourner par aucune distinction fondée sur les desseins réels ou avoués de ceux qui l'exercent. Nous avons fait ainsi parce que, pour ce qui regarde les conséquences les plus odieuses aux États-

Unis, c'est-à-dire le danger de *la presse* pour leurs matelots, il est évident, et *le Times* le reconnaît, que l'exercice de cette prétention, quoique ne formant pas un juste motif de visite, et néanmoins en étant le résultat nécessaire, il importe fort peu, quant à l'opération pratique, que le *juge naval,* « revêtu d'une autorité éphémère, » mais décidant prévôtalement de la liberté humaine, arrête le paisible marchand pour vérifier sa nationalité ou le but de son voyage. Mais, outre cette objection fondamentale, il est évident qu'aucun vaisseau ne peut être exposé au droit de visite sans éprouver quelque retard; que dans tous les cas de cette nature il peut y avoir de grossiers abus, et que dans quelques-uns ils seront inévitables. L'officier abordeur jugera si les papiers d'un navire sont en règle ou sont frauduleux, et si les accidents du voyage et la nature ou l'apparence de la cargaison confirment ces papiers ou les rendent suspects. Il y a ici assez de marge pour des vexations arbitraires et pour des interruptions, qui feront dévier vers des parages plus tranquilles un commerce troublé dans ses calculs. Ces considérations sont assez puissantes pour justifier le refus des États-Unis à l'arrangement conventionnel proposé pour le droit de visite et d'enquête sur la destination, et leur résistance à cette doctrine, d'invention nouvelle, d'un droit de visite ayant pour but de déterminer si les preuves de la nationalité du navire snffisent pour justifier son pavillon.

Nous ne pouvons mieux établir que ne l'a fait le *Sun* de Londres le peu de différence qu'il y aurait dans la pratique entre le droit de perquisition pour s'assurer de la vraie nationalité d'un navire, et le droit de perquisition pour s'assurer de sa destination. L'un pourrait s'appeler une perquisition et l'autre une visite; mais l'une et l'autre formalité seront également vexatoires (*vexatious visitations*) (1). Le passage du *Sun* est frappant, et nous le citerons.

« Les Américains peuvent très-bien résister à notre droit de visite, et n'en être pas moins bien disposés pour l'abolition de la traite; mais de ces deux maux, nous ne doutons pas que les Américains ne préférassent le maintien éternel de la traite plutôt que de se résigner à voir leurs navires assaillis par nos vaisseaux de guerre. S'ils accordent l'examen dans le seul but de déterminer si un navire portant le pavillon Américain est de

(1) Le mot anglais *visitation* se prête ici à un double sens intraduisible en français. On s'en sert de l'autre côté de la Manche pour exprimer une affliction, une catastrophe soudaine, une exécution capitale, un suicide, etc., etc. *Dead by god's visitation*, ne veut pas du tout dire : « mort par la grâce de Dieu. »

(*Note du traducteur.*)

bonne foi (*bona fide*) Américain, ils accordent l'examen rigoureux du bâtiment lui-même. Ses papiers de bord peuvent être simulés. Comment le prouver? En examinant l'équipage; en s'assurant que la cargaison est conforme au connaissement; en suivant la marche du navire sur le livre de bord; en un mot, en le soumettant à une perquisition complète. Si l'on ne fait pas tout cela, des papiers seront produits correspondants au pavillon, et prouver simplement qu'ils ne se correspondent pas, ne servira de rien. Les Américains n'ignorent pas à quelles insultes et à quelles injures ils s'exposeraient en admettant cette prétention de visiter leurs bâtiments, et le *Morning-Chronicle* se montre excessivement injuste à leur égard, quand il représente leur résistance comme *fondée sur des motifs iniques* » (*grounded in unrighteousness*).

La correspondance avec les ministres Anglais des affaires étrangères, dernièrement publiée par le gouvernement Américain, vient merveilleusement à l'appui des remarques du *Sun*, bien qu'elle soit arrivée postérieurement à ces remarques. Elle leur donne presque le caractère d'une prophétie. Le ministre Américain se plaint des visites exercées sur cinq navires de son pays, *le Douglas*, *l'Iago*, *le Héros*, *la Mary* et *la Susan*. Et dans quatre de ces cas, on se plaint sérieusement de ce que les équipages ont été indignement traités, les cargaisons bouleversées et endommagées, nombre d'objets enlevés. Comme lord Palmerston, dans sa réponse à M. Stevenson, donne un résumé des griefs de ce dernier à l'égard d'un de ces navires, nous citerons ce passage comme un exemple des effets pratiques de cette prétention nouvelle, regrettant de n'avoir pas sous la main la lettre de M. Stevenson sur cette matière. C'est avec un véritable plaisir que nous saisissons cette occasion de remercier cet habile représentant de l'Amérique de la vigueur, du talent et de la dignité avec lesquels il a soutenu les droits de son pays, pendant sa difficile correspondance avec lord Palmerston et lord Aberdeen. Mais passons au résumé.

« Dans ces deux communications de M. Stevenson, dit lord Palmerston, on relate que, le 21 octobre 1839, le lieutenant Seagram accosta *le Douglas*, en route pour la côte d'Afrique, qu'il examina ses papiers et les passeports des passagers, rompit les écoutilles, fit abattre le pavillon américain et captura le bâtiment comme négrier; qu'il le garda en sa possession pendant huit jours, du 21 octobre au 29 du même mois; que les officiers et les matelots du *Douglas* tombèrent malades pour avoir été exposés au soleil; que trois d'entre eux en moururent, et que le capitaine n'est pas encore rétabli. »

Il paraît, par une autre lettre de lord Palmerston, que l'équipage capteur fut accusé d'avoir consommé les vivres et les provisions du *Douglas*.

Une troisième lettre de lord Palmerston, relative à *la Mary*, contient cette remarque qui peut faire juger des scènes dont ce navire fut le théâtre. « Ces procédés, dans l'opinion de M. Stevenson, réunissent tous les traits caractéristiques du plus flagrant et audacieux outrage ; très-peu s'en faut, s'il s'en faut quelque chose, qu'ils ne méritent d'être assimilés à un acte de piraterie directe et déclarée. »

Lord Palmerston essaie ensuite d'atténuer ou de nier tous ces chefs d'accusation; il voudrait bien les faire *dormir le sommeil de la mort* (*they sleep the sleep of death*).

Quant au mauvais traitement dont se plaignent les équipages, et au libre usage des provisions et des vivres du bâtiment; quant à la soustraction fréquente d'objets d'un plus haut prix (dans un de ces cas, de l'argent, un chronomètre et une montre ont, dit-on, disparu), c'est là une vieille histoire de mer, on ne peut plus commune, comme nous avons eu déjà occasion de le remarquer, entre navires capteurs et navires capturés. Comment, en effet, pourrait-il en être autrement, la nature humaine et la position des parties étant données? Nul moyen de répression pour le présent, nulle responsabilité pour l'avenir! La discipline la plus rigide et les meilleures dispositions ne pourraient prévenir les abus, du moment où une troupe de matelots se jette sur un navire appartenant à une autre nation. Ils se comportent de fait en maîtres, passant l'équipage en revue, examinant les papiers, ouvrant de force les écoutilles, bouleversant la cargaison, ils sentent qu'ils vivent à discrétion, à peu près comme sur un territoire ennemi. Les officiers sont-ils mal disposés, la discipline est-elle relâchée, tous ces excès s'accroissent avec une intensité effrayante. Dans la nomenclature des griefs maritimes des États-Unis durant la longue période d'oppression que firent peser sur eux les puissances belligérantes, les avanies et les excès provenant des vaisseaux abordeurs figurent au premier rang. Que sera-ce quand ce système de perquisition universelle, sous forme de vérification de nationalité, sanctionné par les années et par la pratique, s'exercera en temps de paix tout aussi bien qu'en temps de guerre?

Mais, après tout, qu'est-ce que cette distinction, découverte par lord Aberdeen et lord Palmerston, et qui donnerait maintenant aux officiers Anglais, en temps de paix profonde, le droit de monter à bord des bâtiments Américains et de les visiter? Ces hommes d'État nous disent clairement, dans leur correspondance avec les ministres Américains, qu'ils ne revendiquent pas ce droit de visite dans le but de s'assurer de la destination du navire, et de le capturer, s'il se trouve engagé dans le commerce des esclaves. Tous deux admettent verbalement que, la nationalité américaine du bâtiment une fois établie, la cargaison et l'équipage sont à l'abri de toute violence de la part du croiseur armé, et qu'il faudra lui permettre de poursuivre son voyage, si criminel qu'en puisse être l'objet. Mais tous deux soutiennent également que le pavillon arboré sur le haut du mât, ou la pièce *d'étamine*, comme lord Palmerston appelle assez dédaigneusement cet emblème de souveraineté, ne fournit pas la preuve de la nationalité, et ne garantira pas de la visite des vaisseaux de guerre anglais, attendu que ces vaisseaux ont le droit d'aborder tout navire sur la surface de l'Océan, d'examiner ses papiers et de se convaincre de sa nationalité. Lord Aberdeen, il est vrai, console le gouvernement des États-Unis en l'assurant qu'on ne montera pas à bord de leurs navires parce qu'ils sont *leurs navires.* « Ce n'est pas à titre d'Américains qu'on visite jamais ces bâtiments. » Pauvre consolation en vérité! *Si Tom est assommé dans la rue, c'est pour lui un faible soulagement de s'entendre dire : Ce n'est pas en qualité de Tom que je vous ai frappé, c'est comme Jack.* A de telles prétentions la réponse est bien simple; elle ne peut avoir échappé à la sagacité des hommes d'État Anglais qui ont recouru à cette étrange forme de justification. Vous agissez à vos risques et périls. Si vous entrez dans un navire ou si vous assommez un homme, croyant que le navire ou l'homme ne sont pas ce qu'indiquent les apparences; et vos soupçons se trouvant réalisés, si la loi, internationale dans un cas, nationale dans l'autre, vous donne droit d'user de cette violence, vous devez donc avouer l'acte et le justifier. Mais si vous vous trompez dans ces prémisses, vous êtes responsable des conséquences.

Les lois municipales de tous les pays abondent en exemples de ce principe. C'est le sens commun appliqué aux affaires des hommes dans leurs relations sociales, comme membres d'une communauté organisée; appliqué aux affaires des peuples dans leurs rapports commerciaux sur l'Océan, c'est le même sens commun, qui, alors, s'appelle Droit Public. Qu'un père ou un maître rencontre son fils ou son serviteur, il a le droit de l'interroger, de s'assurer s'il viole ses commandements. On peut appeler ceci la *visite des personnes*. Le droit est incontestable. Or le fils ou le serviteur peuvent se déguiser et prendre l'aspect ou l'habit du fils ou du serviteur d'un voisin, pourquoi pas sa livrée? Eh bien! est-ce que la possibilité de cette supercherie donne au supérieur le droit d'arrêter dans les rues tous ceux que, à raison ou à tort, il peut avoir la fantaisie de soupçonner d'être ou son fils ou son valet? des gens qui n'enfreignent pas les lois du pays, mais sa propre loi domestique! Assurément non. S'il examine de force, il le fait à ses propres risques. Justifié par le résultat, il n'est que dans l'exercice de son droit; trompé, il est répréhensible et responsable de sa conduite.

Nous ne croyons pas nécessaire de multiplier ces exemples. Notre cas n'a pas besoin de ce luxe de démonstrations.

Par quels procédés donc essaie-t-on de justifier et de soutenir ce nouveau principe? Lord Palmerston pose ainsi la doctrine qui désormais doit faire partie du grand code maritime : *Le pavillon, ou l'étamine des États-Unis*, pour nous servir de l'expression de Sa Seigneurie, *ne garantira aucun navire* (*Américain ou non*) *de la visite*, *excepté* « lorsque ce bâtiment sera pourvu de papiers établissant son droit à porter ce pavillon, et prouvant qu'il est propriété des États-Unis, et qu'il *navigue conformément aux lois.* » Et pour vérifier si le bâtiment a droit au pavillon et s'il navigue *conformément aux lois*, on revendique un droit d'entrée universel en faveur de tout croiseur Anglais à l'égard de tout navire Américain. Et ce droit d'entrée, on le nomme, non pas une *perquisition*, mais *une visite.*

Lord Palmerston, on le remarquera, établit comme partie du principe, que le bâtiment doit *naviguer conformément aux lois*, c'est-à-dire pour un objet permis par les lois; et lord Aberdeen, qui montre plus d'égards pour *l'étamine* que lord Palmerston, accorde que « sans doute le pavillon est au premier aspect (*prima facie*), l'indice de la nationalité du bâtiment. » Désignation étrange, soit dit en passant, pour un pavillon national, et nous dirons presque profane, quand elle se rencontre sous la plume d'un homme d'État Anglais, du ministre d'un pays dont le *pavillon météore* (*meteor flag*), associé à de si glorieux souvenirs, a été célébré par tant de glorieux poëtes. Après tout, cet emblème de la souveraineté, ce compagnon de la victoire, n'est qu'un lambeau d'*étamine!* Que devient, hélas! le prestige des grands noms, quand on le réduit à cette triste mesure de réalité!

On ne niera pas que c'est ici la première occasion solennelle, où cette prétention ait été proclamée à la face du monde. Aucun ouvrage élémentaire ne l'a risquée; aucun légiste ne l'a soutenue; aucun juge n'en a résolu les difficultés. L'universelle exemption « de perquisition ou de visite » pour tout navire, en temps de paix, pour répéter les propres paroles de lord Stowell, a été jusqu'à présent un incontesté et incontestable principe de la loi des nations; et l'autorité de sa décision vient s'ajouter aux opinions de ses devanciers, les commentateurs du grand code maritime. Lors donc que les deux hommes d'État Anglais qui ont choisi ou accepté la tâche d'y glisser ce nouveau principe, ou bien, comme dirait le *Times*, *d'ouvrir les voies à la loi nouvelle*, lorsque ces deux hommes d'État entreprennent de justifier cette prétention par le raisonnement, avant qu'elle soit soutenue par la force, il nous est bien permis de les sommer d'établir leur proposition sur d'irréfragables preuves, sur des exemples éclatants. C'est sur eux que pèse le fardeau de la discussion. Les nations, en même temps juges et parties, suivent les phases de cette polémique; elles sont probablement curieuses de voir si ce nouveau *pas*, comme dirait le *Times*, sera accompagné d'une nouvelle *lutte*, et si l'Angleterre gagnera encore ces deux points après tant d'autres.

D'une analyse soigneuse de la correspondance précitée, il résulte que les arguments à l'appui des prétentions Britanniques peuvent se résumer dans les termes que voici : Sans le droit de visite, on abusera parfois du pavillon. Sans ce droit les croiseurs Anglais pourront parfois ne pas se croire autorisés à accoster les navires de leur propre pays, et les lois municipales de l'Angleterre seront ainsi enfreintes. Sans ce droit, les stipulations diplomatiques relatives à l'abolition de la traite seront moins bien accomplies. Les traditions de la marine anglaise, et celles des autres marines, au jugement de lord Aberdeen, sont favorables à l'établissement du droit de visite. Voilà le résumé des plaidoyers en faveur de la mesure.

Pour ce qui regarde ce qu'on pourrait appeler la loi du gaillard d'arrière, nous l'expédierons en peu de mots. M. Stevenson révoque en doute l'exactitude du fait, au moins dans les proportions auxquelles il faut qu'il atteigne, pour venir à l'appui d'une prétention telle que celle-ci. Que des navires aient été arrêtés et envahis en temps de paix, dans des circonstances spéciales, nous n'en doutons pas; mais il est évident que cette pratique n'a jamais été adoptée d'une manière assez générale et à un degré suffisant pour lui donner l'autorité d'un antécédent. Autrement elle eût, certes, provoqué l'examen et les observations des publicistes; elle eût amené des discussions entre les gouvernements soumis, de temps à autre, à son action. De tout cela nulles traces, et il en faut nécessairement tirer la conclusion que la pratique n'a jamais existé, et que les abus n'en ont jamais été assez flagrants, ni assez graves pour en faire le sujet d'une intervention diplomatique. Si la Grande-Bretagne avait, ce qui n'est pas, dans l'exercice de sa puissance navale, poussé cet usage au-delà du point que nous venons d'indiquer, elle aurait assurément mauvaise grâce à demander que ses actes de violence fussent inscrits dans le droit des nations et qu'ils devinssent la règle de leur futur gouvernement. Nous allons plus loin : sans doute on hélera encore des navires, on montera à bord, et personne ne se plaindra, parce que les intentions ne seront pas injurieuses et qu'aucune avanie n'aura lieu. A parler strictement, quelque infraction pourra se commettre; mais la chose passera sans produire la moindre émotion entre les parties ou leurs gouvernements. Quelle différence y a-t-il entre cela et la prétention d'aborder et de visiter tout navire en tout temps et partout? Nous en prenons le sens commun pour juge. Nous disons *partout ;* en effet, quoique pour le présent, une moitié seulement de l'océan Atlantique soit *confisquée* (comme disent les insulaires de la mer du Sud), la même puissance qui a mis en interdit une portion d'un des plus magnifiques ouvrages de Dieu, peut étendre cet interdit, dès que son intérêt le voudra, d'un pôle à l'autre pôle et de l'Orient à l'Occident. Si la chose n'est pas déjà faite, ce n'est pas que le principe ne soit assez élastique pour couvrir un tel espace ; c'est seulement que *le temps de la moisson n'est pas encore venu.* Nous savons que la métaphore n'est pas conforme aux règles de la critique; mais on peut pardonner cette audace en faveur de l'exactitude de la figure... Quant aux abus que peut entraîner cette prétention d'immunité des États-Unis en faveur de leurs navires, il n'est pas difficile de montrer combien ils ont été exagérés. Ceci semble être l'argument favori de lord Palmerston, et lord Aberdeen s'en sert à son tour sous un point de vue quelque peu différent. Ces deux hommes d'État semblent penser que les États-Unis réclament une complète immunité pour tous navires portant leur pavillon; et pour montrer l'absurdité d'une prétention pareille, lord Aberdeen demande à M. Stevenson, s'il suppose que le gouvernement de la Grande-Bretagne permettrait « à des bâtiments et à des capitaux Anglais de faire ce détestable trafic sous les yeux d'officiers Anglais, en arborant le pavillon Américain? »

Cette conclusion n'est pas un corollaire des prémisses posées par les États-Unis. Ils n'avaient pas une telle prétention : c'est l'immunité de leurs propres navires, de leur propriété réelle, qu'ils cherchent à garantir. Ils ne contestent pas aux croiseurs de toutes les puissances de la terre le droit d'aborder et de visiter les navires de leur provenance et de tout autre pays qui en a accordé le privilége, quoique le pavillon des États-Unis flotte au sommet de tous leurs mâts. Mais ils dénient à tous croiseurs le droit de visiter leurs bâtiments et c'est ici le vrai *pivot* du débat. Certes, si une frégate Anglaise ou Française rencontre en mer un navire appartenant assurément à l'un ou à l'autre pays, et cherchant à cacher sa nationalité sous le pavillon Américain, cette frégate a droit de l'accoster et de disposer de lui, conformément aux lois de son gouvernement. Mais ceci se fait aux risques du vaisseau abordeur. Si le résultat prouve qne le soupçon était bien fondé, alors le commandant est irréprochable. Il a rempli son devoir envers son gouvernement sans faire tort à un autre. Mais s'il s'est laissé tromper, alors il a violé les droits d'une puissance neutre, et son souverain doit être responsable des conséquences. Et pourtant il peut encore, même dans ce cas, avoir rempli ses devoirs envers son gouvernement; cela dépend de la valeur des indices d'après lesquels il a agi. Mais il a commis un dommage envers un autre, et l'on peut demander réparation de ce dommage. Ici nous arrivons à l'action pratique de ces principes généraux, et il n'y a que cette branche du sujet qui mérite une sérieuse considération.

Les deux ministres Anglais essaient de soutenir leur position en poussant les principes à l'extrême. Cela peut se faire dans les écoles, mais ne convient pas dans la vie active, et moins que partout dans les affaires des nations. Un officier Anglais rencontre un bâtiment portant pavillon Américain ; il a les plus fortes raisons de soupçonner qu'il est Anglais, et qu'il se livre à la traite : il accoste ce navire, se comporte de la manière la plus convenable, se convainc de son erreur et se retire sans commettre aucune avanie : il a failli, mais aucun gouvernement ne pensera jamais à se plaindre en pareil cas. Un droit perpétuel d'arrêter, de visiter et de capturer est une chose; c'en est une autre qu'une erreur casuelle, reconnue pour telle, excusée par des circonstances particulières et réparée aussitôt qu'avouée. On peut pardonner cette dernière ; la première est intolérable. Le commandant du vaisseau abordeur est précisément dans la condition d'un officier du shériff, qui arrête B avec un mandat contre A. Or, dans un procès pour abus de pouvoir que B pourrait intenter pour cet acte de violence, quelle serait la mesure des dommages qu'allouerait un jury intelligent? Il adopterait la même règle, que nous avons posée dans le cas du commandant. Si l'officier avait de fortes raisons de se tromper sur l'identité de B, et de supposer qu'il était A ; et s'il s'était conduit avec une parfaite convenance sans commettre aucune injure réelle, il en serait quitte pour des dommages nominaux, dommages qui, tout en maintenant le grand principe de la liberté, n'auraient aucune valeur intrinsèque et laisseraient les frais à la charge du plaignant malavisé. Cet exemple s'applique à notre thèse maritime. Le principe est sauvé de la même manière, et l'on prévient de même de flagrants abus. Rien de plus évident que les raisons qui donnent à ce principe une valeur incalculable pour les États-Unis. C'est sur lui que reposent les prétentions du droit de *presse*. L'exercice de ces prétentions, comme nous l'avons vu, est la conséquence de la faculté légale d'entrée. Tant que cette entrée est illégale, les matelots Américaius sont, de l'aveu de l'Angleterre, à l'abri du pouvoir Britannique. Nous pouvons citer d'autres exemples de ce principe avec d'autant plus de raison que lord Aberdeen pousse le privilége jusqu'à la protection de la piraterie, et quelques journaux Anglais ont exprimé une appréhension très-patriotique de ce résultat. Examinons ce point. Le croiseur d'un État civilisé s'approche de parages où l'on sait qu'un pirate a récemment commis des déprédations. Le signalement de ce pirate est donné; on le guette avec impatience. Un navire, portant le pavillon des États-Unis, arrive en vue, il ressemble beaucoup au pirate; on monte à bord, et la méprise est reconnue. Certes, un tel acte serait excusé, surtout par la raison que le droit des gens proscrit la piraterie. Toutes les puissances ont intérêt à maintenir cette proscription; et il serait aisé d'imaginer un cas où un bâtiment militaire d'un gouvernement pourrait être attaqué lui-même, par suite de présomption de piraterie assez forte pour excuser, sinon pour justifier l'agresseur. Il y a quelques années, lorsque la piraterie était si commune dans les Indes occidentales, les petits bâtiments de l'escadre Américaine chargée de la combattre, se déguisaient souvent pour tromper les pirates. Qu'une frégate Française ou bien Anglaise, eût pris un de ces bâtiments pour un forban, elle l'eût attaqué; mais l'affaire se serait arrangée à l'amiable.

Il en arriva ainsi du différend relatif à la rencontre de la frégate américaine *le Président* et de la goëlette anglaise *Little Belt*, laquelle eut lieu en pleine paix, et fut le résultat d'une méprise mutuelle. Or, ni lord Palmerston ni lord Aberdeen ne réclame le droit, en temps de paix et dans aucune circonstance, de visiter un bâtiment de guerre pour s'assurer de sa nationalité. Ici *l'étamine* flotte sans péril; mais s'ensuit-t-il que, parce qu'un pirate arbore le pavillon d'une puissance chrétienne, et se donne l'aspect d'un de ses vaisseaux armés, il soit dès lors à l'abri des poursuites? ou bien s'ensuit-il que tous les bâtiments de guerre Français, qui parcourent l'Océan, puissent être visités par un vaisseau Anglais, parce qu'il plaira à ce dernier de *soupçonner* qu'ils sont pirates? De telles prétentions seraient absurdes. Le vaisseau public est inviolable en principe et de consentement universel, comme le vaisseau privé l'était, avant qu'on eût élevé cette prétention. Le privilége de l'un n'a pas empêché la suppression de la piraterie; et le privilége de l'autre n'empêcherait pas davantage la suppression de la traite. Ni l'un ni l'autre ne devrait être envahi de force par une puissance étrangère. Mais, s'ils sont déguisés de manière à tromper le croiseur bien intentionné, celui-ci peut être justifié par les circonstances, quand il attaque l'un, et quand il visite l'autre.

Mais poursuivons l'analogie, poussons le principe aussi loin que le fait lord Palmerston. Evidemment, si l'abus possible de leur pavillon, dans un but quelconque, par exemple celui de la traite, est une preuve qu'on peut arrêter et visiter les navires marchands des États-Unis, alors on peut aussi arrêter et visiter leurs bâtiments de guerre, ou bien tout pirate qui se parera de leur pavillon écumera impunément les mers. Nous laissons le dilemme au point où nous l'avons pris. A notre avis, il n'offre pas de difficultés, et notre avis, nous l'avons suffisamment motivé.

On a détruit la piraterie sans violer en rien la liberté des mers ou l'indépendance des nations. On peut aussi supprimer la traite, en observant le même respect pour ces principes sacrés. — S'il se commet des infractions occasionnelles dans l'accomplissement de l'une ou l'autre de ces grandes tâches, qu'on les juge au moment du délit. « *A chaque jour suffisent les misères de chaque jour.* » Que d'avance on n'encourage pas, on ne protège pas la violence. Un des plus nobles ouvrages de l'homme, ce *code de l'opinion*, qui arrête le fort et soutient le faible dans les solitudes de l'Océan, qu'on se garde de le déchirer et d'en éparpiller les lambeaux au vent.

Nous considérerons maintenant ce principe sous le jour, où le posent les hommes d'État de Londres, et plus particulièrement dans son application à la traite. Nous avons vu que lord Palmerston, qui assurément s'exprime avec moins de réserve que lord Aberdeen, tempère sa demande générale, concernant la visite des navires des États-Unis, par cette restriction : « Il doit y avoir des *circonstances justifiant le soupçon qu'ils ne sont pas propriété Américaine*, et que leurs voyages sont *illicites.* » Lord Aberdeen va plus loin. Il ne réclame le droit de visite « que dans le cas où il existera de graves soupçons et des doutes bien fondés sur la nationalité du navire. » Lui aussi demande que l'objet du voyage soit *illicite.*

Les *plus graves soupçons et les doutes bien*

fondés, de quoi, lord Aberdeen? De violer vos lois municipales! si c'est là le sens de votre proposition et que vous puissiez le maintenir, l'Angleterre est beaucoup plus près de la domination universelle sur l'Océan, que ne l'ont jamais osé insinuer les observateurs les plus jaloux de ses progrès maritimes. Elle n'a qu'à déclarer par statut, comme elle le déclare déjà en principe, que l'emploi de ses sujets-nés, dans la marine américaine, militaire ou marchande, est illégal; et elle peut envahir alors les bâtiments des États-Unis et se saisir de leurs équipages sans recourir à des sophismes (nous parlons en logicien, et sans intention blessante); cela jette un air de ridicule sur une question si grave, où l'on atteint son véritable objet en paraissant en poursuivre un autre.

Elle n'a qu'à déclarer acte de piraterie le transport des marchandises françaises, comme elle l'a déjà fait pour la traite, et alors tout bâtiment français, naviguant sur l'Océan, et tout autre, sans doute, peut être arrêté et fouillé pour savoir s'il porte des vins de Bordeaux, des soieries de Lyon, ou les riches et élégants articles fabriqués à Paris. D'une telle visite à la saisie et à la condamnation, il n'y a plus qu'un autre « pas » (step) et l'*étamine tricolore* de France, aussi bien que l'*étamine rayée* de l'Union Américaine, peut disparaître de la surface des mers.

Et qu'on ne dise pas que de pareilles choses ne se verront jamais. Sur ce sujet, nous ne pouvons pas plus affirmer ce qui est probable que prédire ce qui arrivera. Dans cette marche progressive, aucun *pas* ne peut être plus irréconciliable avec le droit ou le sens commun, que le blocus sur le papier de la moitié de l'Europe ; blocus dépourvu de tout prétexte, et qui ne pouvait pas même s'étayer de la présence d'un navire armé, ne fût-ce que d'une chaloupe canonnière, pour garder une centième partie des côtes déclarées en état de clôture hermétique.

Nulle part on ne nous dit clairement en quoi consiste cette *illégalité*, et, de fait, tout le raisonnement de lord Aberdeen sur cette partie du sujet est d'une confusion extrême. Ce n'est pas certainement là le défaut caractéristique de cet habile politique ; mais le résultat de la position qu'il a cru devoir prendre. — Il dit, dans une de ses dépêches, que « l'heureux concours des États de la chrétienté (c'est-à-dire quelques États de l'Europe) pour ce grand objet, non-seulement justifie, mais rend indispensable le droit réclamé maintenant et exercé par le gouvernement britannique. » Ceci, qu'on le remarque, était écrit avant le dernier traité conclu à ce sujet entre cinq des puissances Européennes, et ne se rapporte, en conséquence, qu'aux traités isolés antérieurs. A notre point de vue, d'ailleurs, cette circonstance, quelque influence qu'elle puisse avoir sur les sentiments de lord Aberdeen, ne change rien aux droits des parties engagées dans cette polémique. Que *toutes* les puissances de la chrétienté n'ont pas accordé ce droit de visite, cela ne peut faire l'objet d'un doute; car nous supposons que les États-Unis peuvent à bon droit réclamer leur place dans cette grande fraternité des nations. Est-il possible que lord Aberdeen pense tout ce qu'expriment clairement ses paroles? Soutiendra-t-il ouvertement cette doctrine, que le concours de quelques puissances, grandes ou petites, de l'Europe à une mesure, lors même que, de leur avis, la chose les concerne exclusivement, change immédiatement et de fait (*ipso facto*) le droit des gens, et sanctifie les principes de la nouvelle mesure? Qu'un autre Napoléon s'élève, et que, par une convention générale du continen t, il essaie d'exclure l'Angleterre des marchés du monde, est-ce que cet acte de violence aurait force de loi ? est-ce qu'il imposerait à l'Angleterre l'obligation morale de la soumission, parce que « *l'heureux concours de quelques Etats de la chrétienté* » aurait non-seulement *légitimé* les voies et moyens d'exécution, mais les aurait rendus *indispensables?* Cette manière de raisonner n'appartient pas au dix-neuvième siècle;

il nous serait impossible de nous en occuper davantage.

Si le droit de visite est ici fondé, comme on le voit, sur l'obligation créée par les traités partiels relatifs à la suppression de la traite, il existe, dans les dépêches de lord Palmerston et de lord Aberdeen, des passages où il repose sur les lois municipales de l'Angleterre. On s'en convaincra en recourant aux paragraphes dans lesquels lord Aberdeen invoque la nécessité d'examiner les bâtiments Américains, pour vérifier s'ils ne sont pas « des bâtiments Anglais pourvus de capitaux Anglais, » et faisant un trafic « que la loi (la loi municipale de l'Angleterre) a déclaré acte de piraterie. » Lord Palmerston dit, que sans ce droit de visiter les bâtiments Américains, « les lois mêmes de l'Angleterre pourraient être bravées par ses propres sujets. » Ces lois peuvent être éludées ainsi de mille manières; elles l'ont été mille fois, grâce à la connivence de navires, tant Anglais qu'étrangers. Pourquoi borner ce droit de perquisition qu'on réclame à l'inobservation des lois sur la traite? pourquoi ne pas l'étendre à tous les cas qui peuvent se présenter, ne pas arrêter et capturer sur l'Océan tout navire suspect, ou préjugé suspect de favoriser ces infractions? Et pourquoi un croiseur Français n'arrêterait-il pas, ne fouillerait-il pas tout bâtiment de commerce, étranger aussi bien que français, qu'on pourrait accuser de cacher un conscrit réfractaire? Nous nous sommes déjà trop étendus sur cette partie de la discussion. Tout lecteur intelligent nous dispensera de pousser plus loin la réfutation de cette prétention, que l'équipage d'un vaisseau Anglais peut entrer à bord du premier bâtiment Américain venu, pour y faire exécuter les lois Britanniques. Le temps en viendra peut-être, si l'Angleterre fait ce *pas;* mais d'ici là, il pourra se passer d'étranges événements.

On verra en outre que cette *illégalité*, que nous cherchons à découvrir, procède non-seulement des stipulations diplomatiques et des lois municipales, mais de la loi des nations. Pour cette dernière autorité, les États-Unis professent une entière soumission; tout ce qu'elle prescrit, ils l'accompliront joyeusement. Lord Aberdeen avance que l'abus frauduleux du pavillon Américain « constitue le motif raisonnable de suspicion que la loi des nations requiert en pareil cas. » Que mylord veuille bien indiquer du doigt l'article applicable « en pareil cas, » et il n'y a plus d'opposition aux prétentions de son pays. Mais c'est la disposition franche et claire qu'il nous faut, et non un supplément créé par une fausse analogie. On ne saurait soutenir cette doctrine en rapportant au sujet qui nous occupe des principes et des usages applicables seulement à l'état de guerre, et à des actes qui sont alors « illicites, » au sentiment unanime du genre humain.

Mais après tout, en supposant la loi reconnue, comme on le prétend, qu'on peut visiter des bâtiments Américains, parce que leur destination sera quelquefois « illicite », quelles sont les circonstances qui justifient cette mesure, conformément à la doctrine Britannique? Nous reproduisons la règle, dans les termes employés par lord Aberdeen. Nul bâtiment portant le pavillon Américain ne doit être visité par un croiseur Anglais que « lorsqu'il existe les plus graves soupçons et des doutes fondés sur sa nationalité. » Quelle est l'application pratique de cette règle? Les navires Américains sont *visités*, comme dit lord Aberdeen, « dans certaines latitudes et pour un objet particulier » c'est-à-dire que leur seule apparition « dans une certaine latitude » fait naître « de graves soupçons; » puis viennent l'abordage, l'arrestation, la visite et peut-être la capture! Si ce n'est pas là renverser l'ordre naturel des choses, et rejeter le fardeau de la preuve sur la partie lésée, nous confessons notre inhabileté à comprendre cette matière. On ne demande rien moins que le blocus complet du grand

Océan du sud, depuis Rio-Janeiro jusqu'au golfe de Benin. Combien de temps durera ce blocus, et jusqu'où s'étendra-t-il par la suite? C'est à l'histoire à le dire.

Dans les communications des deux secrétaires d'État Anglais des affaires étrangères, il y a une tendance à regarder la traite Africaine comme un acte de piraterie. Ce point une fois établi, toute opposition au droit de visite cesserait pour les cas réellement suspects. Lord Palmerston parle des « pirates négriers, » et Lord Aberdeen « d'aventuriers pirates. »

Mais c'est là un langage bien vague, à moins qu'il n'ait rapport aux lois municipales. Le commerce des esclaves est criminel, injustifiable; il mérite d'être partout proscrit et rigoureusement puni. Mais c'est un acte de la classe de ceux dont le plus ou moins de criminalité dépend des lois des divers pays. Un peuple ou une association de peuples peuvent l'appeler piraterie, et appliquer à leurs citoyens les châtiments usités pour ce crime. Mais ce changement de noms ne change rien à la nature des choses; et la piraterie est encore de nos jours, dans le code des nations, ce qu'elle a été pendant des siècles.

Quant à l'esclavage en lui-même, il serait oiseux de soutenir qu'il est illicite du consentement général du genre humain. Il remonte aux premiers âges du monde, et probablement il n'y a pas de nations, anciennes ou modernes, où il ait été inconnu. Quelques peuples l'ont aboli, et là où il a survécu, nous espérons que les conditions en ont été adoucies. Cela est assurément vrai pour les États-Unis. Il y existe un vœu de jour en jour plus général d'améliorer la position de cette classe malheureuse de la société. Ce sentiment est répandu dans les États méridionaux de la confédération autant qu'ailleurs; et celui qui jugerait de la condition des esclaves dans ces contrées par celle qu'on leur a faite dans les colonies des Indes occidentales, commettrait une injustice énorme envers nos planteurs du Sud. La meilleure preuve de cette assertion, c'est le fait signalé par les tableaux statistiques publiés grâce aux soins du gouvernement Américain. Dans quelques États à esclaves, la classe asservie multiplie plus vite que la population blanche. Un autre fait non moins significatif, c'est le chiffre de l'accroissement naturel de la race Africaine. Il est de vingt-cinq à trente pour cent dans chaque période décennale. Un Américain des plus respectables, qui se trouve maintenant à Paris, et dans les assertions duquel nous avons pleine confiance, a récemment étudié ce sujet. Quoiqu'il y ait plus de quatorze millions de blancs libres aux États-Unis, et seulement deux millions et demi d'esclaves, il trouve que, depuis plus d'un siècle, l'accroissement de cette dernière classe a été presque le double de celui de la première.

Nous ne sommes pas propriétaires d'esclaves; nous ne l'avons jamais été, nous ne le serons jamais. Nous protestons contre l'esclavage, en principe, et prions pour l'abolition de l'esclavage partout où elle pourra s'opérer par les moyens qu'autorisent la justice, la paix et la sûreté des deux parties. Mais nous ne voudrions pas porter le feu et la dévastation, le meurtre et la ruine dans une société paisible, pour hâter l'accomplissement de cette mesure. Mais, après avoir visité les trois quarts de l'ancien continent, nous affirmons devant Dieu et devant les hommes, que nous avons trouvé beaucoup plus de misère, et d'effroyable misère, depuis notre arrivée en Europe (*et nous n'avons pas encore visité l'Irlande*), que nous n'en avons vu au sein de la population esclave des États-Unis. Quoi qu'on en puisse dire, il existe beaucoup de relations patriarcales entre le planteur du Sud et son esclave. Et quant à la détressse physique, si commune en Europe par suite du manque de nourriture et de vêtements au milieu des rigueurs de l'hiver, nous la croyons si rare aux Etats-Unis qu'elle ne pouvait fournir un élément raisonnable de discussion dans cette matière. L'émancipation de deux millions et demi d'êtres humains répandus au milieu d'une population de race et de couleur différentes, de mœurs et de sentiments dissemblables, n'en est pas moins une des plus graves questions qu'une société puisse avoir à résoudre. Ceux-là seuls qu'elle intéresse si sérieusement peuvent le tenter avec sûreté; et c'est à eux, aussi, que la constitution des États-Unis en a laissé la solution. C'est un sujet auquel le gouvernement général doit demeurer étranger.

Il en est de même quant au commerce des esclaves. C'est un trafic qui remonte aux temps de Jacob, dont *le fils fut vendu à des marchands Égyptiens;* on le retrouve, sous des formes diverses, d'âge en âge, jusqu'au siècle dernier, où, par un traité formel avec l'Espagne, l'Angleterre obtint, comme une grande faveur commerciale, le privilége d'approvisionner d'esclaves les colonies Espagnoles (1). Il existe encore de nos jours,

Anno 1713, 26 *mars.*

(1) *Asiento* ou privilége pour l'introduction et la vente des esclaves nègres dans l'Amérique Espagnole. — Contenant les conditions auxquelles il est accordé à la Compagnie Anglaise. — Fait à Madrid, le 26 mars 1713. — (Actes et mémoires de la paix d'Utrecht. — Tom. V, page 72. Feuille volante imprimée en Anglais et en Espagnol chez John Baskett, imprimeur de la Reine, l'an 1713 (in-4°).

Le Roi,

D'autant que l'Asiento, dont on étoit convenu avec la Compagnie Royale de Guinée, établie en France pour fournir des Esclaves nègres aux Indes Occidentales, est expiré; et que la Reine de la Grande-Bre-

lorsque, après de longues années de vive opposition, le parlement Anglais en a voté l'abolition, et que plusieurs des plus grands noms de l'Angleterre (1) se sont rencontrés sur les bancs de la minorité. Ces hommes d'État ont déclaré par leurs votes que la traite était non-seulement licite et utile, mais *morale*, au point que cette considération constitua dans le temps un des mobiles de la législature. Que ce commerce soit illégal, aux termes du droit public, nul homme d'État, nul publiciste, nul homme instruit ne le contestera. Grâce aux opinions libérales du siècle, l'atrocité de la traite est généralement admise; on obéit partout à l'impulsion du sentiment qui impose aux puissances chrétiennes le devoir de la détruire. Mais il n'est pas permis, pour obtenir un grand bien, de commettre un grand mal; il n'est pas per-

tagne souhaite d'entrer en ce commerce, et en son nom la Compagnie Anglaise, comme cela est stipulé dans les préliminaires de la paix, et que cet Asiento subsiste pendant le terme de trente ans, etc.

(2) En parcourant l'ouvrage de Clarkson, intitulé *Histoire de l'abolition de la Traite*, nous trouvons que le cabinet de M. Pitt était divisé à cet égard, et qu'on doutait généralement de la sincérité de ce grand politique en faveur de la mesure. Clarkson affirme que les sentiments bien connus du Roi faisaient craindre le rejet du bill.

Parmi les opposants nous trouvons le duc de Clarence (depuis Guillaume IV), qui traitait les partisans du bill de *fanatiques* et d'*hypocrites;* Lords Thurlow, Rodney, Sheffield, Eldon, Saint-Vincent, Liverpool, Sidmouth (alors M. Addington), Hawksbury (alors M. Jenkinson), Dundas, le colonel Tarleton, le major Scott, etc.

mis, pour abolir ce trafic, de briser les abris séculaires qui partout protègent le faible contre le fort, l'homme paisible contre l'homme de guerre. La loi des nations n'est que l'opinion générale, codifiée par les jurisconsultes, sanctionnée par le temps et par l'assentiment universel. Qu'on y touche rudement, tout l'édifice disparaîtra, et les relations mutuelles des peuples redeviendront ce qu'elles étaient aux époques les plus barbares.

Il y avait donc autant de sagesse que d'énergie dans ce langage de lord Stowell : « Aucune nation n'a le droit d'ouvrir la voie à l'émancipation de l'Afrique par la force, et en foulant aux pieds l'indépendance d'autres États ; aucune nation n'a le droit, sous le prétexte d'un bien éminent, de recourir à des moyens illicites ou de presser la reconnaissance d'un grand principe en renversant d'autres grands principes qui font obstacle. »

Paroles profondément sages, avertissement solennel ! il est triste que leur valeur légale ait à peine survécu à l'habile et vénérable juge qui les a prononcés. Il est surtout à déplorer que le premier désaveu public et pratique de ces sentiments soit venu d'un pays dont il devait inspirer les lois.

Nous avons déjà renvoyé à l'opinion du duc de Wellington, opinion concordante à celle de lord Stowell. Nous l'avons fait de mémoire ; mais au moment d'écrire cette partie de nos observations, nous avons pu recourir à un débat de la chambre des lords, du 10 juillet 1839, où les sentiments de Sa Grâce sont pleinement exprimés. Avec cet esprit de franchise et de sagacité qui ne sont pas les moindres qualités de cet homme éminent, lord Wellington a prédit le résultat inévitable de cette prétention. « La clause en question, dit-il, permettait d'arrêter un navire quelconque en pleine mer lorsqu'il était suspect, et de lui demander ses papiers. Les personnes exerçant cette sorte d'autorité, étaient de plus mises à couvert de toutes les conséquences. Entendait-on par là qu'on pouvait visiter les bâtiments de toute puissance Européenne et leur permettre ensuite de continuer leur voyage, que nous eussions ou non des traités avec ces puissances? Une telle loi serait une complète innovation dans la législation de ce pays, et la Chambre devra bien réfléchir avant de l'adopter? »

Le 15 août, le duc observait de nouveau : « On savait bien que nous n'avions pas de convention avec les États-Unis. Il y avait sans doute des engagements résultant de notes diplomatiques; mais rien de leur part n'annonçait la moindre disposition à reconnaître le droit d'arrêter les navires et d'examiner leurs papiers; et s'il y avait surtout un point à éviter, c'était le point relatif à la visite des bâtiments, propriété de l'Union. Le noble duc conseillait au gouvernement de ne pas aller plus loin; mieux valait un ordre du conseil ou une déclaration de guerre. »

Nous citons les remarques de lord Brougham, parce qu'elles l'honorent et qu'elles sont également honorables à la vérité et au gouvernement américain : « On ne saurait se dissimuler que nos rapports avec les États-Unis ont un caractère spécial, parce que nous n'avons conclu aucun traité autorisant un tel droit de visite. Il faut se rappeler que les États-Unis, dès leur origine même, et aussitôt que leur union fédérative leur en a donné les moyens, ont décrété l'abolition de la traite, et ont été les premiers à déclarer que tout sujet américain qui y prendrait part, serait poursuivi comme pour acte de piraterie. Le gouvernement des États-Unis n'est pas aussi fort qu'un gouvernement monarchique; il n'a pas sur ses sujets des moyens aussi directs et aussi énergiques de contrôle. » Lord Brougham fait la remarque suivante, relativement aux navires Américains vendus à des négriers: « Le peuple Américain peut bien, après tout, ne pas être responsable de l'intention des acheteurs; pas plus qu'un constructeur Anglais qui a vendu des bâtiments sortis de ses chantiers et qui ont fait en suite le voyage de la côte d'Afrique. »

Nous n'ajouterons pas un mot à l'autorité de ces grands noms, leurs décisions n'ont pas besoin de nos commentaires. En ne perdant pas de vue le fil des discussions qui précèdent, on arrive à cette conclusion : d'après les principes jusqu'à présent reconnus par le genre humain, si les États-Unis refusaient péremptoirement toute coopération aux mesures tendantes à l'abolition de la traite, ils ne seraient responsables que devant l'opinion des peuples et devant celui par qui les peuples s'élèvent et tombent. « Ce ne serait, dit le *Sun* de Londres, que la conséquence de nos anciens procédés, qui, pour les Américains, ont rendu impossible l'acquiescement à nos prétentions. En nous montrant injustes envers nos propres concitoyens, nous avons inculqué à nos officiers des habitudes d'arbitraire qu'ils ont déployées au détriment d'autres nations, et les conséquences de leur mauvaise conduite empêchent maintenant l'Angleterre de suivre ses pieuses intentions pour la suppression de la traite. »

Mais les États-Unis ne refusent pas leur coopération. Ils ont interdit, comme nous l'avons vu, ce trafic à leurs concitoyens, et prescrit contre les infracteurs des châtiments exemplaires. Ils ont pendant nombre d'années, entretenu une escadre sur la côte d'Afrique pour aider à la suppression de la traite, et maintenant ils prennent des arrangements pour renforcer cette escadre. Nous n'affecterons pas de nier qu'un droit général de visite faciliterait la réalisation des vœux de toutes les puissances chrétiennes. Ce serait un moyen de surveillance de plus; mais un tel droit n'est pas du tout indispensable au succès. On a déjà beaucoup fait, et l'œuvre avance chaque jour. Un grand moyen de l'accélérer, ce serait de fermer les marchés que plusieurs contrées ouvrent encore au commerce des esclaves. Si l'on ne pouvait pas vendre ces malheureuses victimes d'une violence effrénée, on ne les achèterait pas. Qu'un effort général soit fait près des gouvernements Espagnol, Portugais et Brésilien, pour les amener à agir vigoureusement à cet égard par des règlements municipaux judicieux et fidèlement exécutés, et l'on aura mis en action un puissant moyen de réussite sans renverser les grands principes qui font maintenant obstacle.

Les efforts pour la suppression de la traite n'ont pas besoin de cette dangereuse mesure. Nous en trouvons la preuve dans une suggestion d'un journal de Londres, lequel, mu par un sentiment de justice, cherche à détourner les conséquences menaçantes de ce droit de visite. Ce journal propose qu'un officier de marine Britannique et de marine Américaine navigue réciproquement à bord de chaque croiseur des deux nations: cet officier exercerait le droit de visite sur les bâtiments de son propre pays, s'assurant ainsi de leur provenance, de leur destination, et les capturant, en cas de délit, sans violer en rien les droits de souveraineté. Nous ne nous arrêterons pas à examiner cette proposition; nous nous contentons de la signaler, pour montrer qu'un véritable esprit de conciliation fournirait des moyens d'accorder tous les objets *qu'on avoue* avec la dignité et l'indépendance nationales. Il y aurait à cela un avantage : la réciprocité serait réelle; tandis que la faculté de visiter qu'on offre aux États-Unis n'est qu'une dérision, leurs institutions ne leur permettant pas de recourir jamais à la *presse* pour recruter leur marine. Où l'officier Anglais entre donc pour visiter et *presser*, l'officier Américain n'entre que pour visiter : inégalité trop choquante pour avoir besoin de commentaire.

Étrange philanthropie, après tout, de ne pas chercher simplement à supprimer la traite Africaine, mais de choisir, pour la supprimer, entre tant de moyens le moyen le plus dangereux! un moyen qui, si l'on y persiste, comme on nous menace de le faire, entraînera aussi certainement la guerre entre deux grandes nations, que le soleil de demain se lèvera sur elles! Et qui peut prédire le résultat de cette guerre, non-seulement pour les parties elles-mêmes (nous ne toucherons pas à cette question), mais pour le reste du monde civilisé ? Qui peut prévoir les questions de droit maritime qui surgiront pendant cette guerre, et les calamités maritimes qui en résulteront ? Qui peut dire en combien peu de temps le théâtre de cette guerre s'élargira, et les griefs de l'Afrique disparaîtront dans les luttes de l'Europe et de l'Amérique ?

Il est étrange, en vérité, qu'un des expédients proposés pour la délivrance du nègre, pour le rachat de sa chair et de son sang, conduise nécessairement à l'asservissement du matelot Américain. On ne vendra, nous le reconnaissons, ni sa chair ni son sang ; mais on s'en emparera gratuitement, pour les faire balayer au besoin par le canon de ses compatriotes. « *Dans le doute, ils prenaient la levée* ; » paroles que tout Américain doit graver dans son cœur.

Nous en appelons avec confiance à tout Anglais et à tout Français généreux. Quelles seraient leurs impressions si l'on osait leur dire : *Oui, nous arrêtons vos concitoyens, et nous les arrêterons : dans le doute nous prenons la levée.* Que chacun réponde pour lui-même, et cette réponse exprimera les sentiments des Américains ; car cette *levée*, c'est un homme, un citoyen Américain. Bientôt, lorsque *la loi aura suffisamment ouvert et élargi ses voies*, la *levée* pourra devenir un citoyen français. Quelle espèce de lutte verrons-nous quand ce *pas* aura été franchi ?

Mais les États-Unis cédassent-ils à cette prétention, quelle garantie y a-t-il pour eux, ou pour les nations intéressées comme eux à la liberté des mers, qu'elle ne serait pas suivie d'une nouvelle exigence, puis d'une autre encore, jusqu'à ce que le pavillon Britannique flottât en souverain sur toutes les mers? Jusqu'où poussera-t-on cette croisade philanthropique qui envelopperait l'Orient et l'Occident dans une commune catastrophe, pour arriver, d'une manière exclusive, à un ordre de choses qui viendra de lui-même, et assez rapidement? Une multitude d'indices nous avertissent que ce n'est là que le commencement d'un système destiné à une vaste expansion.

On a déjà discuté publiquement en Angleterre le projet de mettre un terme à l'esclavage, en mettant un terme à la vente de ses produits. Ce projet a été soutenu par la presse; il a trouvé, nous le croyons, des avocats au Parlement. Le projet n'est pas encore un plan; mais la Philanthropie est quelquefois aussi *fine* qu'active. — La proposition se borne, quant à présent, à interdire la vente de ces produits en Angleterre, et pourtant oserait-on affirmer que cette question, amendée dans la forme, ne devînt bientôt partie intégrante du Droit Public maritime. Ce ne serait qu'un autre *pas*, et quoi qu'il pût être accompagné d'une autre lutte, suivie d'une guerre universelle, qu'importe aux philanthropes? *La loi s'ouvrirait à elle-même* les voies. L'esclavage est illicite aussi bien que la traite. Nous ne pouvons pénétrer sur un territoire étranger pour l'abolir ; mais nous saisirons ces produits sur l'Océan ; ils deviendront contrebande de paix. Coton, riz, café, sucre ou tabac, tout cela ne formera une cargaison légale, qu'à la condition d'être le produit du travail libre. —De cette sorte, l'objet étant légitime, les moyens le deviendront aussi.

Nous mettrons ici un terme à cette controverse, laissant à tout homme réfléchi la liberté d'en tirer lui-même les conclusions. Lord Ashburton, nous l'espérons bien sincèrement, va porter au gouvernement Américain quelque proposition modifiée et acceptable ; mais en considérant les prétentions des deux partis, et connaissant les sentiments de nos compatriotes, nous confessons franchement que nous ne voyons pas sur quel terrain neutre ils peuvent se rencontrer. Nos craintes sont plus fortes que nos espérances, et bien triste sera le jour où deux nations pareilles se déclareront la guerre. L'Angleterre eût-elle même aussi ouvertement raison qu'elle a ouvertement tort, dans notre opinion, elle pourrait se montrer patiente sans risquer rien pour son honneur ;

elle a acquis ses titres à la renommée par mille faits d'armes, et ce qui vaut encore mieux, par une série innombrable de pacifiques bienfaits. Les triomphes de son génie, de son industrie entreprenante lui ont acquis une gloire que peuvent envier les plus orgueilleux, et que bien peu de nations peuvent se flatter d'égaler. Elle a donné naissance à un empire occidental dont la sagacité humaine ne saurait même conjecturer l'étendue future et la durée ; elle y a implanté ses lois, son langage, ses mœurs, ses institutions ; mille liens d'intérêt s'ajoutent à ceux de la parenté pour unir les deux peuples. Que la Grande-Bretagne en soit fière comme de son plus glorieux ouvrage ; mais qu'elle se souvienne aussi qu'un courage égal au sien anime notre République, et que si l'on peut l'abattre, il ne sera au pouvoir de personne de la déshonorer.

P. S. — On trouvera une similitude d'opinions et même de langage entre la portion de cet écrit où il s'agit de la suppression de la traite par la suppression des marchés à esclaves, et quelques observations de M. Odilon Barrot dans la séance de la chambre des Députés du 24 janvier. L'auteur croit donc devoir déclarer que l'original Anglais de la brochure, dont l'exemplaire Français est une fidèle traduction, était complètement rédigé avant l'ouverture des débats parlementaires sur le droit de visite, et qu'il était sorti de la presse lundi soir, avant que le compte rendu de cette séance eût paru. Évidemment la similitude n'est pas un plagiat, mais une coïncidence de vues entre deux personnes étrangères l'une à l'autre, s'occupant du même sujet.

Paris.— Imprimerie de H. Fournier et Ce, rue Saint-Benoît, 7.

www.ingramcontent.com/pod-product-compliance
Ingram Content Group UK Ltd.
Pitfield, Milton Keynes, MK11 3LW, UK
UKHW021121260726
13994UKWH00002B/960